Patrick Bauer
Die Parallelklasse

Patrick Bauer

Die Parallelklasse

Ahmed, ich und die anderen –
Die Lüge von der Chancengleichheit

Luchterhand

Alle Menschen in diesem Buch gibt es so oder so ähnlich wirklich, sie heißen aber eigentlich anders. Damit die Protagonisten frei sprechen konnten, bekam auch die Blücher-Grundschule einen fiktiven Namen. Wenn nötig, wurden Adressen und Orte, Aussehen und Beruf verfremdet. Manche Biografien und Begegnungen werden verkürzt dargestellt, andere wurden aus Gründen der Lesbarkeit miteinander verwoben oder ergänzt. Viele Erinnerungen liegen lange zurück, der Autor kann nicht garantieren, dass seine Mitschüler sie nicht anders erinnern. Sowieso gilt: Der Autor schildert in diesem Buch seine ganz subjektive Sicht auf die Menschen, die er freundlicherweise treffen durfte.

MIX
Papier aus verantwor-
tungsvollen Quellen
FSC® C014496
www.fsc.org

Verlagsgruppe Random House FSC-DEU-0100
Das für dieses Buch verwendete FSC®-zertifizierte Papier
Pamo House liefert Arctic Paper Mochenwangen GmbH.

1. Auflage
© 2011 Luchterhand Literaturverlag, München,
in der Verlagsgruppe Random House GmbH

Satz: EDV-Fotosatz Huber/Verlagsservice G. Pfeifer, Germering
Druck und Bindung: GGP Media GmbH, Pößneck
Alle Rechte vorbehalten. Printed in Germany
ISBN 978-3-630-87368-8

www.luchterhand-literaturverlag.de

Inhalt

Für Heinz, den Berliner Jungen aus Lichterfelde-West

»Die Türken gehören zu Berlin wie der Korn zur Molle.«

Harald Juhnke, Legende

»An Berliner Schulen: Salamiverbot. Auf den Pausenhöfen gilt Halal-Stufe Rot.«

K.I.Z., Rapper

»In jeder Szene und Schicht der deutschen Gesellschaft, in jeder Klasse gibt es Menschen, die sich abschotten. Wenn man von Abschottungspolitik spricht, dann sollte man sich nicht an die fremdstämmigen Deutschen halten, sondern eher an die Großbürger, also an die Spitzen der Gesellschaft.«

Feridun Zaimoglu, Schriftsteller

1.

Die Angst der Kartoffeln

Als ich Ahmed nach zehn Jahren wiedersehe, will er mir Drogen verkaufen. Wir treffen uns zufällig in einem großen Park, in dem es mehr Dealer gibt als Bäume. Er lehnt am Gitter des Fußballkäfigs, in dem wir früher oft spielten. Ich drehe gerade eine Jogging-Runde.

»Ey, brauchst du was zu rauchen«, fragt er.
»Nein, danke«, keuche ich und bleibe stehen.
»Ich kann auch was Härteres besorgen!«
»Ahmed, ich bin's, Patrick!«

Ahmed spuckt auf den Kiesweg, schaut sich um, geht einen Schritt zurück hinter eine Hecke.

Er flüstert: »Du bist jetzt kein Bulle, oder?«
»Sehe ich so aus?«
»Ja, Alter!«

Ich trage ein weißes T-Shirt, eine kurze Hose, Laufschuhe. Ahmed betrachtet meine dünnen, weißen Beine. Er trägt eine Bomberjacke, darunter ein Muskelshirt, und eine lilafarbene Karottenhose, die er am Ende in weiße Tennissocken gesteckt hat. Das ist in dieser Ecke von Berlin die Uniform von Jungs wie Ahmed. Von harten Jungs und von Jungs, die hart sein wollen. Ahmeds Haut sieht aus wie gegrillt. Der Berliner Rapper Bushido, dessen Mutter aus Franken und dessen Vater aus Tunesien stammt, hat dieser Uniform eine Hymne namens »Sonnenbankflavour« gewidmet, er reimt darin: »Der Sonnenbankflavour, die künstliche Bräune, du kannst sie alle holen, komm, ich fick deine Freunde.« Bushido beschreibt damit auch gleich, wie freundlich dieser Kleidungsstil wirken soll: überhaupt nicht.

»Obwohl«, sagt Ahmed, »du siehst nicht aus wie ein Bulle, eher schwul!« Er lacht. Sein Lachen ist ein heiseres Glucksen, wie damals. »Ahmed, lach nicht so frech«, hatte Frau Schach immer gesagt und musste dann selbst lachen. Dem schmächtigen Ahmed mit der Zahnlücke konnte man nichts übel nehmen, erst recht nicht, wenn er so gluckste. Ahmed ist nicht sehr groß geworden, dafür muskulös, die Zahnlücke hat er noch. »Krass«, sagt er und breitet seine Arme aus, »schön, dich zu sehen!« Ahmed und ich waren mal Freunde. Von der ersten bis zur sechsten Klasse. Im Jahr 1990 wurden wir eingeschult. Die Mauer war gerade geöffnet worden und in den Supermärkten rund um die Grundschule gab es keine »Smarties« mehr, weil die Menschen in den ausgebleichten Jeans, die über den nahe gelegenen Grenzübergang strömten, ganz verrückt nach »Smarties« waren. Ahmed und ich mochten »Smarties«, deshalb mochten wir die Menschen in den ausgebleichten Jeans nicht. Das vereinte uns.

Als ich Ahmed das letzte Mal sah, waren wir beide 16. Ich wollte damals wirklich etwas zu rauchen kaufen, war aber zu schüchtern, Ahmed anzusprechen, der mit einigen älteren Jungs im Park stand, die so aussahen, als hätten sie Rauchbares im Angebot. Es hat sich viel verändert seit diesem Tag. Bestimmt auch in Ahmeds Leben. Nur der Fußballkäfig, neben dem er steht, ist noch immer derselbe.

»Wir haben uns lange nicht gesehen«, sage ich.
»Wo hätten wir uns denn sehen sollen«, fragt Ahmed.

Er sagt auch, dass er kein Dealer sei, aber ein Bekannter von ihm verkaufe dort hinten, wo die Schwarzen nicht den Drogenhandel kontrollieren, Haschisch. Manchmal helfe er dem Bekannten bei der Kundensuche. Ahmed spricht dann Jogger wie mich an, bleiche Heranwachsende oder Väter mit Kinderwägen. Denn: »Jede Kartoffel will kiffen!«

»Kartoffeln« hat Ahmed die Deutschen schon in der ersten Klasse genannt. »Wie soll ich euch sonst nennen, ihr esst doch immer nur Kartoffeln, jeden Tag«, sagte er, das hätte ihm auch sein älterer Bruder Abdul bestätigt, und der habe schon einige Kartoffeln kennen gelernt. Ich protestierte, denn bei mir zuhause gab es meistens Nudeln. Aber wenig später kamen aus Italien Gnocchi nach Deutschland, und ich liebte Gnocchi. In eines dieser Poesiealben, die jeden Tag herumgereicht wurden, schrieb ich »Knockie« unter die Rubrik »Leibspeise«. »Was sind denn Knockie«, fragte Ahmed. Ich erklärte, das seien kleine Klöße, die man wie Nudeln zum Beispiel mit Tomatensoße esse, die aber aus Kartoffeln und Mehl hergestellt werden. Ja, ich war manchmal ein altkluges Kind. »Sogar eure Nudeln sind aus Kartoffeln«, schrie Ahmed begeistert und gluckste darüber noch Wochen später.

Nun, im Park, sagt Ahmed, habe er genug Zeit, die Kartoffeln mit dem Haschisch, und seinen Bekannten mit den Kartoffeln glücklich zu machen, denn er habe gerade keine Arbeit. »Ich bin viel zu Hause bei meiner Frau und meiner Tochter. Und manchmal hier.« Nachdem er zwei Afrikanern mit wenigen Handzeichen bedeutet hat, dass er sich neben dem Fußballkäfig um die Jogger kümmert und dabei von ihnen nicht gestört werden will, fragt Ahmed: »Und du studierst wahrscheinlich?«

»Ich arbeite«, sage ich.
    »Aber eine Studentenarbeit«, sagt Ahmed.

Er schaut mich lange an. »Du findest es bestimmt ätzend, was ich hier mache, oder?« »Nein, nein«, sage ich schnell. Vielleicht hätte ich mich nicht zu erkennen geben sollen. Wie wir hier stehen, im Gestrüpp eines Stadtparks, den wir beide durchqueren, ich als joggende Studentenkartoffel, er als gelangweilter Helfer seines dealenden Bekannten, wird sehr deutlich, warum wir uns so lange nicht gesehen haben. Unsere Leben haben nichts mehr gemeinsam. Nichts außer diesem Park, der auf unserem Weg liegt. Unsere Leben hatten noch nie besonders viel gemeinsam. Aber es gab eine Zeit, als das keine Rolle spielte.

Unsere Schule, die Blücher-Grundschule, stand und steht noch heute an der Grenze zwischen den Berliner Bezirken Kreuzberg und Neukölln. In einem Kiez, der schon Probleme hatte, bevor der Begriff »Problemkiez« erfunden war. Die Arbeitslosenquote liegt bei fast zwanzig Prozent, der Anteil von Anwohnern mit nichtdeutschem Pass weit darüber. Die Hälfte der Kinder in meiner Klasse hatte Eltern, die nicht aus Deutschland stammten. Wir wurden alle Anfang der achtziger Jahre geboren, meine Mitschüler gehörten zur zweiten Einwanderergeneration. Ehsans Eltern zum Beispiel waren aus dem Iran geflohen. Die Eltern von Arzu, Elin, Murat,

Sibel, Aylin und Fatih waren wie die Eltern von Ahmed als »Gastarbeiter« aus der Türkei nach Deutschland gekommen – und geblieben. Ibrahims Familie hatte den Libanon verlassen müssen. Samis Vater war ein afghanischer Anwalt. Cem hatte eine deutsche Mutter und einen türkischen Vater. Julians Vater war Perser, die Mutter deutsch. Dina war die Tochter von Flüchtlingen aus dem ehemaligen Jugoslawien. Anupamas Familie war in Sri Lanka bedroht worden.

Genauso unterschiedlich wie die Geschichten der Kinder aus nichtdeutschen Familien waren aber auch die Geschichten der deutschen Kinder in meiner Klasse. Tanjas Mutter war arbeitslos. Die Eltern von Simon betrieben eine Öko-Bäckerei, die von Max ein teures Restaurant. Antons Eltern waren Psychologen, die Mutter von Judith Versicherungsangestellte. Die Familien der deutschen Kinder stammten zwar aus demselben Land – besonders viel gemeinsam hatten sie deswegen aber noch lange nicht.

Unsere Grundschule war damals eine fortschrittliche. Wir waren die ersten Schüler Berlins, die samstags keinen Unterricht hatten. Und, was mir damals weniger wichtig erschien: Viele Lehrer und Eltern sahen es als Chance, dass die Schüler solch unterschiedliche Hintergründe hatten, dass hier Akademikerkinder und Kinder aus weniger privilegierten Verhältnissen zusammen lernten – und voneinander. Wenn Ahmed wieder mal eine Sechs im Diktat bekam, erklärte ich ihm die Sache mit dem Dativ, und er machte dafür meine Mathe-Hausaufgaben. Wir stritten uns über Lieblingsfarben, Lieblingsvereine, Lieblingsmitschüler, Lieblingslehrer oder wegen »Mensch ärgere dich nicht«, wir bildeten Grüppchen und waren sicher sehr oft gemein zueinander. Aber eine Sache spielte in unserer Klasse nie eine Rolle: Unsere Herkunft. Wir alle kamen aus Berlin.

Erst als der strenge Herr Sontheimer, unser Klassenlehrer für die letzten zwei Grundschuljahre, uns in einer grauen Nachmittagsstunde mitteilte, welche Oberschul-Empfehlung jeder Schüler bekommen würde, fiel es uns auf. Fast alle Kartoffelkinder sollten Abitur machen. Und die Kartoffeln, deren Noten für das Gymnasium nicht reichten, wurden von ihren Eltern trotzdem aufs Gymnasium geschickt. Notfalls mit Hilfe eines Anwalts. »Die Ausländer bleiben hier«, sagte Ahmed. Er meinte die Straße, in der wir beide wohnten. Gegenüber lag eine Realschule. Er sollte Recht behalten: Er und sein Bruder und die anderen Kinder, deren Nachnamen ich am ersten Schultag noch so lustig fand, weil sie klangen wie die Spezialitäten auf den Speisekarten der zahlreichen Dönerläden im Kiez, kamen nicht mit. Der große Fatih, Sami und Sibel waren die einzigen Kinder mit so genanntem Migrationshintergrund, die eine Empfehlung für das Gymnasium erhielten. Sibel durfte dort nicht hin, das bringe doch nichts, meinte der Vater. Sami kam mit mir in die nächste Klasse. Der große Fatih sagte nicht, wohin er gehen würde. Arzu war bereits nach der vierten Klasse auf eines der wenigen Gymnasien der Stadt gewechselt, das mit der fünften Klasse beginnt, sie war ihrer besten Freundin Anna gefolgt. Die beiden hatten wir nur das »Streber-Duo« genannt oder »Maxi« und »Mini«, weil Anna riesengroß war und Arzu sehr klein. »Arzu ist fast deutsch, so gut ist sie in allen Fächern«, stellte Ahmed fest. Ahmed kam auf die Realschule. »Viel Spaß auf deiner Kartoffelschule«, sagte er zum Abschied. Wir verabredeten uns noch gelegentlich zum Fußballspielen, aber Fußball wurde mit der Zeit unwichtiger. Jedenfalls für mich.

Für die Hobbykicker im Fußballkäfig hinter ihm interessiert sich Ahmed am Tag unseres Wiedersehens auch nicht mehr. Diese verschwitzten Kartoffeln sehen nicht aus, als wollten sie etwas kaufen.

»Ich muss langsam los«, sagt Ahmed und drückt wahllos auf seinem Handy herum.

»Wir können uns ja mal auf einen Kaffee treffen, Ahmed.«
»Ja, oder du kommst auf einen Tee vorbei.«

Wir tauschen Telefonnummern aus, Ahmed erzählt, dass er von Kreuzberg nach Neukölln gezogen sei.

»Ich bin verheiratet, ich habe ein Kind, ich wohne in keiner WG oder so, meine Frau kocht den Tee, wenn du zu Besuch kommst, man muss bei uns die Schuhe ausziehen und so, es ist alles ein bisschen anders bei mir«, sagt er.
»Ach komm, ich werde mich schon benehmen«, sage ich, »du lebst ja nicht auf einem anderen Planeten.«

Aber ich glaube, in diesem Moment sind wir uns da beide nicht sicher.

Von Menschen, die in Kreisstädten in der Nähe irgendwelcher Seen oder Berge aufgewachsen sind –, und die erst in die berüchtigten Bezirke Berlins zogen, als sie nach billigem Wohnraum und großstädtischem Kitzel suchten –, werde ich oft bewundernd, besorgt oder mitleidig gefragt, wie das so war, in Kreuzberg und Neukölln aufzuwachsen, im Ghetto. Die Wahrheit ist: Ich hatte in meiner Kindheit und Jugend keine Probleme. Nur einmal wurde ich von einer Gruppe Gleichaltriger, offensichtlich »nichtdeutscher Herkunft«, mit einem kleinen, signalroten Plastiknothammer aus einem Linienbus bedroht, mit dem man im Falle eines Unfalls die Scheiben einschlagen soll. Mir wurde von den Jungs recht plausibel erläutert, dass man mit so einem Nothammer auch meine Schläfe einschlagen könne, daher rückte ich eine Mark und sechzig Pfennig sowie einige Fußballsammelbilder raus. Vielleicht ist es so: Ich hatte eine schöne Kindheit in einer zuweilen unschönen Umgebung. Ich sah auf meinem Schulweg Junkies in ihrem Erbrochenen liegen, wurde regelmäßig Zeuge von Auseinandersetzungen zwischen rivalisierenden Halbstarkenbanden und machte immer einen weiten Bogen um den Neubaukomplex in der Nähe des berüchtigten U-Bahnhofs Kottbusser Tor, weil ein paar ältere Kinder berichtet hatten, dort besäße jeder Anwohner ein Butterfly-Messer. Ich wurde recht früh mit sozialen Realitäten konfrontiert. Aber ich fühlte mich sicher.

Ahmeds Bruder Abdul glaubte mir bei unserer ersten Begegnung nicht, dass ich deutsch bin. »Quatsch, du siehst nur so aus«, sagte er, »du bist bestimmt ein Albaner, ja genau, ein muslimischer Albaner!« Vielleicht lag das daran, dass er einfach nicht wahrhaben wollte, dass sein Bruder freiwillig mit einer Kartoffel den Nachmittag verbrachte. Vielleicht habe ich mich damals aber auch ganz gut integriert. Ich konnte zum Beispiel auf Türkisch »Ich ficke deine Mutter« sagen, bevor ich überhaupt wusste, was »ficken« bedeutet. Wir sagten das ständig. Ich weiß gar nicht, wer damit angefangen hatte. Wir sagten es so vor uns hin.

»Amana sikim, das sind zu viele Hausaufgaben!«
    Oder: »Natürlich wird Bayern Meister, amana sikim!«
    Oder auch: »Die Mädchen sind blöd, amana sikim!«

Es hatte keine Bedeutung. Dachte ich. Bis mir der große Fatih während des Kunstunterrichts bei Herrn Bimmel in der vierten Klasse zehnmal seine Faust auf den Oberarm schlug. Ich war elf. Ich hatte mittlerweile eine vage Ahnung, was ficken bedeutet. Wir hatten herumgealbert und irgendwen nachgeäfft, und dann hatte ich es gesagt, mal wieder. Bloß: Diesmal hatte ich dabei dem großen Fatih ins Gesicht geschaut. Es spielte keine Rolle, dass seine Mutter gar nicht gemeint war, dass es nur eine Floskel war. Für Ironie interessierte sich der große Fatih nicht. Der große Fatih war ein wirklich lieber Junge im Körper eines ausgewachsenen Mannes. Eigentlich setzte er seine Kraft nie gegen uns ein, nicht mal gegen die Idioten aus der 4a. Er gab nur manchmal damit an, Coladosen mit der bloßen Hand zerquetschen zu können. Doch in dieser Kunststunde war der große Fatih plötzlich ganz still. Er wartete, bis Herr Bimmel sich einer Farbkleckserei zugewandt hatte, beugte sich über meinen Tisch und fing an. Seine Schläge waren präzise und gleichmäßig. Als wären zehn Fausthiebe das gerechte Strafmaß für einmal »Amana sikim«. Bamm, Bamm, Bamm, Bamm, Bamm. »Fatih, bitte!« Fatih atmete beschäftigt. Bamm, Bamm, Bamm, Bamm, Bamm. Mein Oberarm glühte. Herr Bimmel musterte noch immer die Farbkleckserei, er interessierte sich für Kunst, nicht für Kinder. Noch Wochen danach spürte ich ein Ziehen in meiner Schulter. »Entschuldigung«, flüsterte Fatih, als er fertig war, »aber das darfst du nicht zu mir sagen. Das beleidigt meine Ehre.« Ich schaffte es, erst in der kleinen Pause zu heulen. Unten, in der dunklen Schultoilette im Keller, auf die ich mich sonst nie wagte. Zuhause fragte mich meine Mutter, warum ich meinen rechten Arm so merkwürdig bewege. Ich behauptete, beim Klettern auf dem Spielplatz gefallen zu sein. Was hätte ich sagen sollen? Dass Fatih mich bestrafen musste, weil ich diese geheimnisvolle Sache namens Ehre verletzt hatte, als ich aus Versehen angekündigt hatte, etwas Schlimmes mit seiner Mutter zu machen? Seit diesem Tag habe ich nie wieder »Ich ficke deine Mutter« gesagt. In keiner Sprache.

Ich konnte auch schönere Dinge auf Türkisch sagen, nützliche Dinge. »Köpek« heißt Hund und »küme« Haufen. »Dört Kilo, üç

Mark!«, das weiß ich noch, heißt: »Vier Kilo, drei Mark!« »Lan« bedeutet »Mensch« oder »Mann«, man kann »lan« an jeden beliebigen Satz hängen, was wir auch taten. »Wie geht's, lan«, »Pass mal auf, lan«, »Bis morgen, lan«. »Abi« heißt Bruder und »Anne«, Mutter, hört man morgens, mittags und abends in jedem Berliner Hinterhof. Bei uns im Haus schrie ein kleines Mädchen alle zehn Minuten nach ihrer Mutter. In allen erdenklichen Varianten: »Ahhhhhne!«, »Annäh!«, »Anneeeeh!«, »Ahhhnähä!« Ich dachte lange Zeit, Anne sei der Vorname der Mutter. Wie meine Mutter eben Nicola heißt und ich die Mutter von Anton »die Ursel« nannte und die von Max »die Sabine«. Als ich dann das erste Mal bei Ahmed zu Besuch war und er »Anne« in die Küche rief, und noch etwas, das ich nicht verstand, fragte ich ihn: »Wieso haben alle türkischen Mütter den gleichen Vornamen?« Ahmed war entsetzt, dass ich überhaupt auf die Idee kommen konnte, man dürfe die eigene Mutter beim Vornamen rufen. Ich hatte es nicht anders gelernt, es war bei mir zuhause verpönt, »Mama« zu sagen. Selbst meinen Opa durfte ich nicht Opa nennen. »Ich sehe hier weit und breit keinen Opa«, schimpfte er, wenn ich es doch tat. »Deutsche sind komisch«, sagte Ahmed.

Als Exot galt ich auch beim Fußball, in der Jugendmannschaft von Rot-Weiß Neukölln. Ich war dort der einzige Deutsche. Es war daher wichtig, zu wissen, dass »Balo« auf Türkisch Ball heißt und »Pas« – wenig überraschend – Pass. Genau genommen war ich nicht der einzige Deutsche, wir waren fast alle deutsche Staatsbürger, aber ich war der Einzige mit deutschen Eltern, einem deutschen Namen und einer deutschen Technik, also musste ich immer in der Abwehr spielen. Manchmal sogar als Libero. Eine heute vergessene Position, die einst in dunklen Fußballzeiten die Deutschen okkupiert hatten und auf der Franz Beckenbauer zu Weltruhm gekommen war. »Wo sollst du sonst spielen«, fragte Ali, der Trainer, »Deutsche können vorne nichts. Außerdem heißt du Bauer. Das ist perfekt! Klingt so ähnlich wie Beckenbauer!« Alis Vater war der vielleicht größte Fan von Franz Beckenbauer. Ohne die Aussicht, in der Nähe des Kaisers zu leben, sagte Ali mal, wäre sein Vater nie in dieses strenge Land ausgewandert. Alis Vater konnte leider nicht ahnen, dass der Kaiser auf einem Berg in Kitzbühel lebt und nur selten zu den Untertanen in den Arbeitervierteln von Berlin hinabsteigt. Nach zwanzig Jahren Schufterei in einer Kartonagenfabrik hatte die Kaisertreue des Vaters dennoch nicht nachgelassen und er beherrschte nach wie vor nur dieses eine deutsche Wort: Beckenbauer.

Bei Auswärtsspielen gegen »echt deutsche Mannschaften«, wie Trainer Ali sie nannte, etwa in Marzahn oder Hellersdorf, am grauen Stadtrand, in den Ostbezirken, wo die Jungs Ronny hießen und die Väter Glatze trugen und die Mütter so viel rauchten, wie ihre Pitbulls bellten, wurde ich von den Gegenspielern angeglotzt wie einer, der zum Feind übergelaufen war.

»Warum spielst du bei den Kanaken?«
»Du stinkst ja auch schon nach Knoblauch!«
»Schaut mal, ein blonder Türke!«

Dann kamen sofort meine Mitspieler angerannt: »Lasst unseren Deutschen in Ruhe, ihr Kartoffeln!« Und wenn der große Fatih mir nicht eine Lektion erteilt hätte, ich hätte die Marzahner und Hellersdorfer sicher übel beschimpft. Sie hätten es ohnehin nicht verstanden. Sie verstanden auch unsere Kommandos und Absprachen auf dem Platz nicht, und deshalb gewannen wir meist. Wenn wir die Kartoffeln im Schatten der Plattenbauten besiegt hatten, spendierte Trainer Ali zurück in der Zivilisation in Kreuzberg jedem von uns einen Döner. Mit doppelt Knoblauchsoße.

Schweinefleisch esse ich bis heute nicht sehr gern. Mir leuchtete sofort ein, was mir Ahmed in der ersten Klasse erklärt hatte: Schweine leben in ihrem eigenen Dreck, deshalb ist ihr Fleisch dreckig. »Es ist nicht nur dreckig, noch schlimmer: Das Fleisch ist unrein«, korrigierte Ahmed mich, als ich die anderen Salamibrötchen essenden Kinder über die Herkunft ihres Brotbelags informierte.

Mein Heimatbezirk war geprägt von türkischen Traditionen, von arabischen Eigenheiten und von muslimischen Bräuchen. Ich mochte diese vertraute Fremde, die mich umgab. Den türkischen Markt vor unserer Haustür. Den Gebetsraum im Gewerbehof nebenan, vor dessen Tür immer so viele Schuhe standen. Eine sehr ordentliche Religion ist das, die den Gläubigen vorschreibt, dass man in ihrem Haus die Straßenschuhe ausziehen muss, dachte ich, ganz wie bei uns zuhause. Ich mochte das Zuckerfest. Wie großartig, dachte ich: Eine Feier zu Ehren von Süßigkeiten und die Kinder müssen nicht zur Schule. Meine Eltern sagten mir jedoch, ich dürfe an diesem Tag nur zuhause bleiben, wenn ich vorher wie die muslimischen Kinder dreißig Tage fasten würde. Ich mochte den Geschmack von frischem Ayran und den Supermarkt mit der endlosen Oliven-Theke. Ich mochte die Autokolonnen der Hochzeitsgesellschaften. Und die Holzkettchen, mit denen die alten türkischen Männer in der U-Bahn herumspielten. Als ich viele Jahre später zum ersten Mal nach Istanbul reiste, als erwachsener Mann, verstand ich zwar auf der Straße kein Wort, denn die Leute beschimpften sich weder aufs Übelste noch gaben sie sich Fußball-Kommandos, aber: Ich fühlte mich gleich zuhause. Die Melodie der Stimmen kam mir bekannt vor. Auch die Gerüche. Das hektische Hupen.

Bevor jedoch der Eindruck entsteht, ich sei in »Klein-Istanbul«, wie Kreuzberg in großen Tageszeitung aus kleinen Städten gerne genannt wird, aufgewachsen wie ein türkischer Junge: Meine Kindheit war zu einem viel wesentlicheren Teil geprägt von Fahrradklingeln, von linksalternativen Wohnprojekten, von Bioläden und Anti-Kriegs-Demonstrationen. Ahmed musste sich bei mir zuhause genauso anpassen wie ich bei ihm. Mein Vater erzählte von seiner Tramper-Reise durch die Türkei, von den Bergen und den Wasserpfeifen dort. Und Ahmed sagte danach: »Cooler Typ!« Mein Vater stellte sich in die Küche und kochte am liebsten abenteuerliche Tofu-Gerichte. »Er kocht?«, fragte Ahmed, »krasser Typ!« Den Tofu kommentierte er nicht weiter. Allein aus Höflichkeit gegenüber meiner Mutter, die rechtzeitig zum Abendessen von der Arbeit kam. Als Ahmeds lustiger Vater einmal von der Arbeit kam, als ich bei den Etürklüs zu Besuch war, in dieser Wohnung, in der man denken konnte, man laufe über Moos, wenn man die Augen schloss, weil überall sehr dicker, flauschiger Teppichboden auslag, hörte er, dass wir die Puppe der kleinen Schwester aus dem Fenster geschmissen hatten, und sagte zu uns: »Wenn das noch einmal passiert, schmeiße ich euch auch aus dem Fenster!« »Krasser Typ«, sagte ich zu Ahmed, aber der sagte nur: »Wir machen das mit der Puppe lieber nicht noch mal!« Das war mir ziemlich egal, Hauptsache, es gab bei Ahmed zu Hause das Fleisch, das bei meinen Vegetarier-Eltern nicht auf den Teller kam. Ahmeds Mutter, deren Vornamen ich nie erfuhr, stand in der Küche, ließ es stundenlang kochen und braten, machte nie Kartoffeln dazu und sang Lieder, die ich zwar nicht mitsingen konnte, die aber bis zum Einschlafen in meinem Kopf blieben. Ahmeds Mutter ging nach dem Mittagessen putzen. Der Vater arbeitete in einer Schlosserei.

»Wie haben sich deine Eltern kennen gelernt?«, fragte ich Ahmed mal, aber das war einer dieser Momente, in dem wir wohl beide merkten, dass die Fragen, die wir uns stellten, nicht dieselben waren. »Was meinst du damit?«, fragte Ahmed zurück. »Na ja, meine Eltern waren zusammen im Leistungskurs und meine Mutter fand meinen Vater erst blöd, aber dann waren sie auf einer Party …« Ahmed unterbrach mich: »Ey, ich habe keine Ahnung, was meine Eltern gemacht haben und es ist mir egal.« Ahmeds Mutter war die Einzige in der Familie Ertüklü, die meine merkwürdigen Fragen mochte. »Du bist ein anderer Junge«, sagte sie. Einmal stand ich neben ihr in der Küche, nahm all meinen Mut zusammen und fragte: »Wo haben Sie Ihren Mann kennen gelernt?« »Zuhause, als Kind«, sagte sie, »mein Vater kannte seinen Vater, wir haben geheiratet, ganz einfach.« Es klang wirklich einfacher als die Geschichte meiner Eltern. Meine Eltern haben beide studiert und nie geheiratet. Ahmed hatte vier Geschwister. Ich bin Einzelkind. Ahmed redete viel vom Willen Allahs. Ich wurde nicht mal getauft. Unser Wohnzimmer stand voller Bücher. Das Wohnzimmer der Ertüklüs stand voller VHS-Kassetten. Dort lief der Fernseher den ganzen Tag und Ahmed konnte in der großen Pause von weltbewegenden Fernsehereignissen wie der »Mini Playback Show« berichten. Ich war froh, als wir endlich überhaupt einen Fernseher besaßen und ich die »Sendung mit der Maus« sehen durfte. In den Sommerferien flog Ahmed mit seiner Familie in die anatolische Heimat. An Weihnachten fuhr ich mit meinen Eltern in die schwäbische Provinz.

Wären wir nicht in eine Klasse gekommen, hätte ich Ahmed nie kennen gelernt.

Heute würden Ahmed und ich wohl nicht gemeinsam eine Schule besuchen, selbst wenn wir in einer Straße leben würden. Der Tag unserer Einschulung liegt über zwanzig Jahre zurück. Die Menschen in den gebleichten Jeans gehören längst zu diesem Land, aber man kann nicht behaupten, dass das Zusammenleben von Türken und Deutschen, von Deutschen und Deutschen, deren Familien aus der Türkei oder anderen Ländern stammen, sich verbessert hätte. In der Zwischenzeit wurden ausländerfeindliche Brandanschläge verübt, es wurden Lichterketten gebildet und es wurde Wahlkampf geführt mit der Hetze gegen die doppelte Staatsbürgerschaft. Mal wurde verkündet, das Boot sei voll. Mal wurde gewarnt, es fehle an Fachkräften aus dem Ausland. Und kurz nachdem die deutsche Fußballnationalmannschaft mit 23 Spielern, von denen elf einen »Migrationshintergrund« haben, im Sommer 2010 bei der Weltmeisterschaft in Südafrika die Beobachter aus aller Welt mit schnellem Kombinationsspiel begeistert und den dritten Platz erreicht hatte, wurde ein Buch veröffentlicht, in dem ein Volkswirt behauptet, Deutschland schaffe sich ab, und Schuld daran sei eine fatale Kombination aus Geburtenrückgang, wachsender Unterschicht und vor allem massiver Zuwanderung aus muslimischen Ländern. Thilo Sarrazins Machwerk – voll dröger Zahlenorgien und schwer lesbarer Rechtfertigungen – wurde zu einem historischen Bestseller. Nicht nur das: Sarrazin, dieser bei öffentlichen Auftritten so störrisch anmutende Aktenmensch, wurde mit Unterstützung der Bild-Zeitung für einige Monate zu einem Volkshelden. Obwohl dieser Mann, den die SPD niemals loswerden wird, nur gängige Ressentiments zusammengefasst und mit diversen Studien zu belegen versucht hatte. Oder: gerade deshalb.

Das Widerwärtige an »Deutschland schafft sich ab« waren nicht mal die wirren, rassistischen Unterstellungen, sondern das von Verwertbarkeit und Elitedenken durchsetzte Bild, das Thilo Sarrazin von den Menschen hat. Aber das Gros der Käufer, die bestimmt nicht alle Leser waren, freute sich wohl darüber, dass »die Ausländer« endlich einmal hart angepackt wurden, lange genug habe die deutsche Gesellschaft aus »falscher politischer Korrektheit« »Parallelgesellschaften« und »Sozialschmarotzer« geduldet. »Endlich sagt mal einer die Wahrheit!«, hieß es in einem sehr repräsentativen Leserbrief. Dabei war all das, worüber nun *nach Sarrazin* in den Talkrunden zur »Integration« debattiert wurde, nicht neu. Gesagt wurde auch *vor Sarrazin* viel. Nur getan wurde wenig an den sozialen Brennpunkten des Landes. An Brennpunkten, wie es sie vor allem in Kreuzberg und Neukölln gibt. Dort, wo tatsächlich die Mehrheit der Menschen einen »Migrationshintergrund« hat – und wenig Bezug zu dem Land, in dem sie leben. Wenn ich an meine Grundschulzeit zurückdenke, denke ich an eine friedliche Koexistenz. Doch die friedlichen Zeiten, wenn es sie denn je gab, sind vorbei.

Wirklich bewusst wurde mir das im Münchner Bezirk Neuhausen-Nymphenburg, dem Gegenteil eines Problembezirks. Über den 9. Stadtbezirk schreibt die Stadt München: »Nach der Sozialstruktur dominiert in Neuhausen die Mittelschicht und in Nymphenburg die gehobene Mittelschicht. In beiden Stadtteilen überwiegt mittleres bis höheres Ausbildungsniveau.« Von den 87 846 Einwohnern haben lediglich 2 303 keinen Job. Die Sonne scheint über den Biergärten, es werden ausreichend Kinder geboren, die in angemessen teuren Kinderwägen an den schmuck sanierten Häusern vorbeigeschoben werden. Die Grünen erhielten bei den vergangenen Kommunalwahlen 20,1 Prozent der Wählerstimmen. Kurz: Den Menschen in Neuhausen-Nymphenburg geht es gut. 21,2 Prozent der Einwohner von Neuhausen-Nymphenburg sind Ausländer. In Neukölln ist der Anteil nichtdeutscher Bewohner nur unwesentlich höher, er liegt dort bei 21,8 Prozent. Neuhausen-Nymphenburg und Neukölln haben trotzdem so viel gemeinsam wie Franz Beckenbauer und ich auf der Libero-Position. Erstens: Viele der vermeintlichen Ausländer in Neukölln haben einen deutschen Pass, sind also der Statistik nach Inländer. Zweitens leben in Neuhausen-Nymphenburg vor allem solche Ausländer, die man in Deutschland gemeinhin nicht als ein Problem wahrnimmt: Japaner, Amerikaner, Franzosen, Spanier, Skandinavier. Wohlhabende, gebildete Ausländer. Dieser Gruppe, die im Einwohnermelderegister »Sonstige« genannt wird, gehören im Bezirk die meisten Ausländer an.

Warum das alles überhaupt wichtig ist? Mitten in der Sarrazin-Hysterie saß ich mit einem Bekannten in einer Kneipe. Dieser Bekannte lebt schon lange in Neuhausen-Nymphenburg, wir hatten uns in seiner Nachbarschaft auf ein Bier getroffen. Ich hatte die letzten vier Jahre in München verbracht und vergeblich versucht, mich in Bayern zu integrieren. Ich war froh, zurück nach Berlin zu ziehen, ich hatte eine schöne Wohnung zu einem noch schöneren Preis in einem schönen Teil von Neukölln gefunden.

»Neukölln«, wiederholte der Bekannte, der vor Jahren schon mal im Prenzlauer Berg war. Er schien schockiert zu sein. »Warte mal, bis ihr Kinder habt, dann willst du da nicht mehr wohnen, die kannst du da ja nicht zur Schule schicken!« Ich glaube, je weiter jemand von Neukölln entfernt wohnt, desto radikaler ist seine Meinung zu diesem Bezirk. Neukölln ist für Leute wie meinen Bekannten bloß ein Schlagwort auf der Startseite von SpiegelOnline, ein Hashtag bei Twitter, ein Schlüsselbegriff, bei dem sie sofort an Kriminalität, Sprachdefizite, arabische Großfamilien und Sozialbauten denken müssen und an diesen launischen SPD-Bezirksbürgermeister namens Buschkowsky, der so wunderbar ehrlich ist und dessen Konterfei nun sogar auf die T-Shirts eines hippen Modelabels gedruckt wird.

»Hast du das mit der Deutschenfeindlichkeit mitbekommen?«, fragte der Bekannte. Noch so ein »Phänomen«, das zu allem Überfluss durch die Schlagzeilen geisterte. Die überforderte CDU-Familienministerin Kristina Schröder hatte versucht, mit diesem Begriff Übersicht zu beweisen – und ein bisschen Populismus auszuprobieren. An manchen Schulen, erzählte die Perlenkettenträgerin aus Wiesbaden, die in Berlins Mitte residiert, würden deutsche Kinder wegen ihrer Herkunft drangsaliert. In der Presse war prompt zu lesen, deutsche Schüler würden vor allem in Neukölln auf dem Schulhof als »Schweinefleischfresser« beschimpft und die Mädchen hätten Angst, die Haare offen zu tragen, weil sie dann als »Schlampe« gelten würden. Wieder mal war vom »Ausländeranteil« die Rede. Gemeint war der Anteil ausländischer Kinder an solchen Schulen – aber man wurde das Gefühl nicht los, es gehe auch um den »Ausländeranteil« in Deutschland insgesamt. Der ist seit Jahren rückläufig, aber davon war nicht sehr oft die Rede. Es war einfach nicht die Zeit der besonnenen Stimmen: Also hörte auch kaum einer jenen Lehrern zu, die an betroffenen Berliner Schulen unterrichten, an denen der überwiegende Anteil der Schüler mittlerweile arabischer Herkunft ist. Diese Lehrer sagten: Es stimmt, es gibt hier Mobbing gegen deutsche Kinder. Dagegen muss vorgegangen werden. Es ist für die Kinder ein schmerzhafter Vorgang, aber einer, der so grausam wie erklärbar ist. Auf einer Grundschule in Oberammergau hätten es ein Mädchen mit Kopftuch und ein arabischer Junge ebenso schwer. Das Problem sind nicht Ausländer, die Deutsche hassen, sondern Schulen, an denen zu viele Kinder einer bestimmen Gruppe lernen. Schulen, an denen die soziale und ethnische Mischung nicht ausgewogen ist. Schulen, die anders aussehen als die Blücher-Grundschule zu meiner Zeit.

Mir war die Frage meines Bekannten, auf welche Schule meine ungeborenen Kinder eines fernen Tages gehen würden, ziemlich egal. »Das Problem der Deutschenfeindlichkeit werdet ihr in Neuhausen wohl kaum haben«, sagte ich, um zu diesem Thema trotzdem etwas zu sagen.

»Wir ziehen weg aus Neuhausen«, sagte der Bekannte, »an den Stadtrand. Vor der Haustür ist dann der Wald.«

»Schön. Aber ihr zieht doch bestimmt nicht wegen den Ausländern weg?«, fragte ich.

»Nun«, sagte der Bekannte, »so einfach ist das nicht.«

Der Bekannte hat zwei Kinder, Tochter und Sohn. Die Tochter steht kurz vor der Einschulung. Gleich um die Ecke von der hellen Altbauwohnung, in der die Familie des Bekannten bis dahin gelebt hatte, liegt eine Grundschule. 2025 Grundschüler gibt es in ganz Neuhausen-Nymphenburg. 400 davon sind laut Städtischem Taschenbuch der Stadt München ausländischer Herkunft. Das sind 19,75 Prozent. »Wir haben uns die Grundschule gleich angeschaut«, sagte der Bekannte. Er machte eine lange Pause. »Ja, und?«, fragte ich. Da brach es aus ihm heraus: Ihm sei das unangenehm. Ich wisse doch, dass er politisch links stehe, irgendwie, in den meisten Fragen. Er habe bisher immer die Grünen gewählt. Er habe wirklich, das sei ja wohl klar, nichts gegen Ausländer. Gar nichts. Null. Aber!

In ihrer Nachbarschaft, da stünde doch dieser Sozialbau, ebenfalls im Einzugsbereich der Grundschule. Und nun ja, was solle er sagen: In diesem Sozialbau lebten viele Ausländer, und man wisse schließlich, wie das sei, darunter gäbe es schwierige Kinder aus schwierigen Familien. Und dann, fuhr der Bekannte fort, habe er mit seiner

Frau den Infoabend dieser Grundschule besucht und die Frage habe sie beschäftigt: Gehen all die schwierigen Kinder auf diese Schule? Doch die Direktorin habe partout nicht den – da fiel das Wort endlich – Ausländeranteil ihrer Einrichtung nennen wollen. Und schließlich habe seine Frau eine Idee gehabt: Sie seien die Gänge entlanggelaufen und hätten auf jedem einzelnen Klassenfoto nichtdeutsche Kinder gezählt. Auf einen Anteil von mindestens dreißig Prozent seien sie gekommen.

Ich versuchte, mir das vorzustellen: Da geht ein junges Paar aus der Mitte der Mittelschicht den Gang einer Grundschule entlang und zählt Ausländer. Ein süßer Junge mit dunkler Haut, ein kleines Mädchen mit schwarzen Haaren und braunen Augen, ein frecher Asiate in der ersten Reihe. »Hast du die Kleine mit dem Kopftuch notiert, Schatz?« Woher wissen der Bekannte und die Bekanntenfrau, dass der vermeintliche Asiate nicht tausendmal besser rechnen kann als ihre Tochter? Dass nicht der blonde Junge in der letzten Reihe ein fieser Schläger ist? Wer sagt ihnen, dass das türkische Mädchen nicht viel schönere Aufsätze schreiben wird als ihr blauäugiges Mädchen und mehr über die deutsche Revolution von 1848 weiß? Wieso ist das türkische Mädchen überhaupt türkisch? Weil es so aussieht? Haben sie ihren Pass kontrolliert? Wie kommen diese behütet aufgewachsenen, beschaulich lebenden, anständig verdienenden Menschen darauf, dass Horrormeldungen aus dem tiefsten Neukölln etwas mit ihrer heilen Welt in München-Neuhausen-Nymphenburg zu tun haben? Wie konnte es so weit kommen, dass der Bekannte die Gleichung verinnerlicht hat: »Ausländer = Gefahr?« Und sich trotzdem noch für liberal hält.

»Dreißig Prozent Ausländeranteil«, sagte mein Bekannter, »das ist mir einfach zu viel.«

»Warum?«

»Na, wegen der Sprache! Die sprechen doch oft nur schlecht Deutsch!«

»Die? Wer sind die?«

»Die Kinder aus nichtdeutschen Familien! Ich habe doch nichts gegen die, aber meine Tochter kann deutsch, die kann auch schon schreiben und lesen, die braucht keine Deutschnachhilfe! Vielleicht widerspreche ich meinen politischen Überzeugungen, aber ich will meine Tochter nicht opfern!«

Ich frage mich seit diesem Abend, wer für den Zusammenhalt in diesem Land gefährlicher ist: Die verängstigte Mittelschicht, die sich verzweifelt dagegen wehrt, zu den Verlierern zu gehören, von denen es in unserer Gesellschaft immer mehr gibt. Oder die verängstigten Eltern, die verzweifelt dafür kämpfen, dass ihre Sprösslinge die besten Startplätze bekommen. Wahrscheinlich sind Menschen wie der Bekannte die größte Bedrohung: verängstigte Eltern aus der verängstigten Mittelschicht.

Als ich wieder in Berlin bin, verabrede ich mich mit Miriam, die mit Ahmed und mir gemeinsam die Grundschule besucht hat. Miriam und ich haben uns in der dritten Klasse geküsst, wenn man das so nennen kann. Miriam presste mir ihre Lippen auf die Wange. Die anderen Kinder sangen daraufhin: »Wer sich küsst, der liebt sich!« Wir haben uns dann nur noch getriezt. Die anderen Kinder sangen daraufhin: »Was sich neckt, das liebt sich!« Viele Jahre sind wir uns aus dem Weg gegangen. Jetzt hatten wir uns, wie das so ist, im Internet wiederentdeckt und spontan verabredet. Miriam ist heute selbst Grundschullehrerin, in Kreuzberg. Miriam erzählt, sie sei gerade entlassen worden. »Guck nicht so«, sagt sie, als ich noch überlege, wie man auf jemanden reagiert, der gerade entlassen worden ist, »das ist ganz normal!« Frisch eingestellte Lehrer werden in Berlin kurz vor den Sommerferien entlassen – und zu Beginn des neuen Schuljahres wieder eingestellt, für ein halbes Jahr zumindest. Das Land Berlin muss sparen. Berlin kann sich keine Lehrer mehr leisten, die bezahlten Urlaub nehmen, und die jungen Lehrer, die gerne in der Hauptstadt arbeiten wollen, können sich keine Ansprüche leisten. Berlin braucht sie, kann ihnen aber nichts bieten. Miriam musste auf ihrer Schule prompt die »schlechte Klasse« übernehmen, eine dritte Klasse. Es gibt zwei Klassen pro Jahrgang. In die »schlechte Klasse« gehen jeweils nur Kinder aus nichtdeutschen Familien. In die »gute Klasse« fast nur deutsche Kinder. Was nach frühsteinzeitlicher Pädagogik klingt, war die letzte Chance für Miriams Schule, überhaupt noch deutsche Kinder aufnehmen zu können. Denn deren Eltern drohten angesichts eines »Ausländeranteils« von weit über fünfzig Prozent, ihre Kleinen in die Berliner Randbezirke oder Zugezogenen-Reservate wie Prenzlauer Berg zu fahren, wo »man noch unter sich ist« und daher auch ein besseres schulisches Niveau erwartet. Es gibt seit Jahren regelrechte Fluchtbewegungen von deutschen Eltern, die ihre Kinder nicht in den Problembezirken zur Schule schicken wollen. Um diesen Wegzug zu stoppen, gehen auf Miriams Schule jetzt die Kinder mit schlechten Sprachkenntnissen in eine Klasse und lernen nichts voneinander – und die ohnehin begabten und geförderten Schüler, die Deutschen, bleiben in der anspruchsvollen Klasse unter sich.

»Ich sitze dort, erkläre, dass der Wannsee kein Meer ist, und komme mir vor wie Michelle Pfeiffer in ›Dangerous Minds‹«, sagt Miriam. Vor den Sommerferien sollte sie ihre Klasse einem altgedienten Kollegen übergeben, man werde sie im neuen Schuljahr woanders einsetzen, hieß es. Miriam erklärte dem Kollegen, was sie sich im vergangenen Schuljahr hatte einfallen lassen. Statt den

Kindern mit »Strafpunkten« für nichtgemachte Hausaufgaben und freches Verhalten zu drohen, hatte sie »Belohnungspunkte« für gemachte Hausaufgaben und gute Unterrichtsteilnahme eingeführt. Für eine gewisse Anzahl an »Belohnungspunkten« gab es Geschenke und Lobbriefe an die Eltern. Es funktionierte. Die Mädchen und Jungen eiferten darum, wer am Ende die meisten Punkte haben würde. Plötzlich konnten alle fehlerfrei addieren und subtrahieren, wussten, wie die Hauptstadt von Rumänien heißt – und wollten unbedingt neue Bücher mit in die Ferien nehmen. »Die Kinder hatten das Gefühl, dass es jemanden interessiert, was sie machen, das hat sie motiviert«, sagt Miriam. Ihr älterer Kollege war von diesem Konzept nicht begeistert. »Wissen Sie«, sagte er, »solche Spielereien sind ja schön und gut, wenn man neu im Geschäft ist und Träume hat, aber wenn man weiß, wie es läuft, dann weiß man auch, dass so etwas keinen Sinn hat, man kann die Welt hier nicht verändern, und man kann die Schüler nicht zu anderen Schülern machen. Ich werde mit Strafpunkten arbeiten, sonst lernen die nie, sich zu benehmen.« Miriam wollte immer in ihrem Heimatbezirk unterrichten, sie sagt, die Kinder hier brauchen Vorbilder, die selbst in Kreuzberg aufgewachsen sind. Aber offenbar ist ihre Hilfe nicht erwünscht.

Heute ist Kreuzberg auf den ersten Blick viel attraktiver als noch vor zwanzig Jahren. An jeder Ecke gibt es Boutiquen und Latte-Macchiato-Cafés. Einst als Studenten hierhergezogen, wohnen die jungen Eltern nun in Vier-Zimmer-Wohnungen mit Fischgrätparkett, trinken einmal im Jahr auf dem »Karneval der Kulturen«, einem Straßenumzug mit exotischen Tänzen aus aller Welt und einer Million Zuschauern, Caipirinha und freuen sich, in so einem »bunten« Umfeld zu leben. Kommen ihre Kinder aber ins schulpflichtige Alter, wird aus der Bereicherung auf einmal eine Bedrohung.

Türkische Gemüsehändler, schön und gut, aber türkische Mitschüler? Lieber nicht. »Für meine Klasse«, sagt Miriam, »gab es keine Lobby. Und für junge Lehrer gibt es auch keine Lobby. Die alten Lehrer sind damit beschäftigt, unter widrigen Bedingungen halbwegs unbeschadet in den Ruhestand zu kommen. Und die deutschen Eltern sind damit beschäftigt, wenigstens ihre Kinder halbwegs unbeschadet ins Erwachsenenleben zu bringen.«

In meiner neuen Wohnung fiel mir am selben Abend aus einer Umzugskiste ein verstaubter Ordner entgegen. Darin: Alte Zeugnisse, Telefonlisten, Klassenfotos von damals. Das erste Foto unserer Klasse, der 1c, entstand am 30. Juli 1990. Wir haben uns in der Aula aufgereiht. Überragt werden wir von Frau Schach und ihren Locken. Wir liebten sie alle ab der ersten Stunde. Aber uns allen stand auch die Angst vor dem neuen Alltag ins Gesicht geschrieben. Auf einem anderen Bild von diesem Tag klammert sich jeder von uns an seine Schultüte. Keiner sagte ein Wort, erinnere ich mich. Ahmed hat mich dann gefragt, ob der Stuhl neben mir noch frei sei. Auf dem Klassenfoto ist Ahmed der Einzige, der nicht verschüchtert in die Kamera schaut. Er lacht. Er gluckst, aber das sieht man nicht.

»Wie viele nichtdeutsche Freunde hast du denn heute?«, hatte Miriam am Ende unseres Wiedersehens gefragt. Ich fing an aufzuzählen: Javier, Sean, John, Ruggiero. Spanier, Engländer, Amerikaner, Italiener. Keiner länger als zwei Jahre in Berlin. Die nichtdeutschen Menschen, die jetzt zu meinen Freunden gehören, sind alle zum Studieren nach Deutschland gekommen oder weil sie hier Arbeit gefunden haben. Es sind Menschen aus meinem Milieu. Ihre Lebensläufe ähneln meinem, auch wenn sie weit entfernt von hier stattgefunden haben. Ahmed wohnte auf der anderen Straßenseite.

Doch: Irgendwo haben wir uns verloren. Laut einer aktuellen Studie sind selbst in der zweiten Generation viele Menschen mit türkischen Wurzeln noch nicht in Deutschland »angekommen«. Sie leben zwar hier, sind aber im gesellschaftlichen und wirtschaftlichen Leben kaum präsent. Dreißig Prozent der Türken und Türkischstämmigen hierzulande haben keinen Schulabschluss und nur vierzehn Prozent das Abitur. Miriam unterrichtet eine Klasse mit Schülern, die schon abgehängt sind, bevor sie überhaupt gestartet sind. Der Freund fürchtet die Ausländerkinder. Und die Bundeskanzlerin erklärt »Mulit-Kulti« offiziell für gescheitert. Wir waren doch schon mal weiter. Wir waren eine multi-kulturelle Klasse, wenn man das so nennen will. Was ist bloß schiefgelaufen?

Ich saß auf dem Boden vor dem verstaubten Leitz-Ordner und ging die Namen meiner Mitschüler und ihrer Eltern auf der Adressliste durch. Manche Mitschüler habe ich in den letzten Jahren immer mal wieder gesehen, zufällig auf Partys oder in der Mensa. Malin, die mich durch das Gymnasium begleitet hat, mit der zusammen ich Abitur gemacht habe, sehe ich fast täglich. Sie hat von Ahmed und den anderen türkischen Kindern auch nichts mehr gehört. Von den meisten deutschen Mitschülern aus der Grundschule weiß ich ungefähr, was sie treiben. Berlin ist auch nur ein Dorf, man hört dies und das. Die Mitschüler, deren Eltern nicht aus Deutschland stammten, scheinen dagegen in einem anderen Dorf zuhause zu sein. Nur Sami, der auch mit mir aufs Gymnasium kam, habe ich noch eine Weile gesehen. Bis er in der elften Klasse plötzlich verschwand.

Ich fand an diesem Abend, dass es Zeit war, meine alten Klassenkameraden wiederzutreffen. Sie zu fragen, ob wir nicht alle davon profitiert haben, gemeinsam zur Schule gegangen zu sein. Und was sie in den letzten zwanzig Jahren erlebt haben. Ich wollte die deutschen Schüler fragen. Aber auch die vermeintlich nichtdeutschen, über die in den vielen Talkshows zur Integration immerzu geredet wird, die dort aber selbst nur selten zu Wort kommen. Ahmed und die anderen.

2.

Verschollen und verdrängt

Auf Ahmeds Mailbox hört man ihn in seinem türkisch gefärbten Berlinerisch Folgendes sagen: »Hallo, dit is die Mailbox von Ahmed. Ihr braucht nüschts drauf schprechen. Ick höre dit eh nich ab.« Das ist witzig. Beim ersten Mal. Beim zehnten Mal nicht mehr. Egal, zu welcher Tages- oder Nachtzeit ich Ahmed anrufe: Er geht nicht ans Telefon. Ahmed hört seine Mailbox wirklich nicht ab, jedenfalls ruft er nicht zurück. In der Hoffnung, ihm erneut zu begegnen, jogge ich nun jeden Tag. Sogar eine Runde mehr als üblich. Aber Ahmed steht nie am Fußballkäfig.

Ich laufe zu dem Mietshaus, in dem Ahmed mit seiner Familie gewohnt hat, als wir uns noch täglich sahen. Es stehen neue Namen auf den Klingelschildern, vornehmlich deutsche. Der Name »Ertüklü« fehlt. Das Haus ist nicht wiederzuerkennen. In meiner Erinnerung ist es ein grauer, zerbröckelnder Altbauklotz. Über dem Eingang waren noch Einschusslöcher aus dem Zweiten Weltkrieg zu erkennen. Das Treppenhaus roch nach Kohleofen und Katze. Das Schaufenster im Erdgeschoss war stets mit vergilbten Vorhängen verdeckt, eine rote Glühbirne leuchtete matt über der Treppe, die daneben hinunter in den Keller und den »Club73« führte. »73«

37

wie die Hausnummer. Heute befindet sich in diesem Erdgeschoss-
laden ein hübsch dekoriertes Geschäft für allerlei Dinge, die kein
Kind braucht, aber die man Kindern kaufen kann, wenn man zu
viel Geld und Zeit hat. Kleine Mützen mit Tigerohren. Hüttenschu-
he aus hundert Prozent Schurwolle für 89 Euro. Eine hölzerne
Nachziehente, »originalgetreu geschnitzt, wie aus den zwanziger
Jahren!«. Solche Dinge. Dinge für Frauen und Männer, die Kinder
als eine Mischung aus Lifestyle und Religion verstehen. Wenn diese Menschen eine bestimmte Gegend in einer Großstadt besiedeln,
dann weiß man, dass diese Gegend die Verwandlung vom Geheim-
tipp zur Toplage abgeschlossen hat. Die Fassade des Hauses ist
weinrot gestrichen, es wurden Balkone angebaut. Auf einem großen Transparent steht: »Quartier73 – Ihr neues Zuhause im pulsie-
renden Kiez. Helle, moderne, luxuriöse Apartments.« Das klingt
nach dem Gegenteil von der Wohnung, in der die Ertürklüs hier
einst lebten.

»Kann ich Ihnen helfen?«

Neben mir steht ein Mann in einem taillierten Anzug, der sein Haar
zu einer beachtlichen Welle geformt hat und der zwei Smartphones
auf einer Mappe balanciert.

»Ich glaube nicht«, sage ich.
    »Gut, der Besichtigungstermin für die inserierte Wohnung war
nämlich bereits um zwölf.«
    »Ich kenne das Haus von früher und dachte mir gerade, dass es
sich sehr verändert hat.«
    »Und ob. Als wir das Objekt übernommen haben, war es in ei-
nem verwahrlosten Zustand. Aber Sie sehen ja, dass wir das gut
hinbekommen haben.«

»Leben denn noch Mieter von früher im Haus?«

»Jeder Vormieter hatte natürlich die Möglichkeit, seine Wohnung nach der Modernisierung wieder zu beziehen. Die meisten wollten das aber nicht. Die waren gegen die Renovierung. Oder fanden die Ablösezahlung, die wir ihnen angeboten haben, attraktiv. Die Kaltmieten wurden nach der Modernisierung naturgemäß ein wenig angepasst.«

»Gibt es freie Wohnungen, die ich mir ansehen kann?«

»Tut mir leid. Die letzte wurde wie gesagt vorhin besichtigt. Und es gibt bereits viele Interessenten.«

Der Mann hebt seine Mappe mitsamt den Smartphones in die Höhe: »Alles Bewerbungen!«

»Die Gegend ist wohl sehr beliebt?«

»Beliebt ist noch untertrieben. Jeder will hier wohnen. Jeder muss hier wohnen, wenn er was erleben will und trotzdem seine Ruhe braucht. Ich bin schon eine Weile als Makler unterwegs in Berlin, ich kenne die Nachbarschaft auch noch anders. Die Anwohnerstruktur hat sich rasant verändert. Ich muss nicht mal in unsere Unterlagen oder in den Immobilienteil gucken, um das zu sehen, Ich sage Ihnen, woran ich das sofort erkenne: An den Fenstern hier im Kiez. Achten Sie mal darauf. Sie werden kaum noch Rüschengardinen sehen oder grelles Neonlicht. Rüschengardinen haben nur alte Leute oder Türken, wenn ich das mal so sagen darf. Die Türken lieben Rüschengardinen und Neonröhren. Keine Ahnung, warum. Die neuen Mieter dagegen wollen dezentes Licht. Und Jalousien oder bunte Vorhänge. Oder sie hängen gar nichts vor ihre Fenster, damit alle Passanten sehen können, wie schön sie es haben. Klingt absurd, ist aber so, achten Sie mal darauf.«

Der Makler mit der Wellenfrisur blickt auf seine Uhr. Es ist eine sehr große Uhr. »Gehen Sie doch einfach auf unsere Homepage, es werden neue Angebote kommen, das ist sicher. Es gibt hier genügend Häuser, aus denen man was machen kann.« Er lacht ein ungläubiges Lachen und läuft mit seiner prall gefüllten Mappe und den zwei Telefonen, die andauernd klingeln, davon in eine Zukunft, in der alle Badezimmer mit Sandsteinfliesen und Bidet ausgestattet sind, in der Raufasertapeten und Haustiere verboten sind und die Menschen ihm gerne 2,38 Monatsmieten Provision zahlen. Dafür, dass er ihnen zur Besichtigung die Wohnungstür aufschließt.

Auf der Internetpräsenz des »Quartier73« ist zu erfahren, dass die frisch sanierten Wohnungen zu einem Quadratmeterpreis von 10 Euro und 20 Cent vermietet werden. Sie liegen damit 120 Prozent über dem Mietspiegel. Sind aber für wohlhabende Interessenten aus schier unbezahlbaren Metropolen wie München, London, Stockholm oder New York sicher immer noch ein Schnäppchen. In dem Kiez, in dem Ahmed und ich lebten und in dem unsere Grundschule lag, hat das stattgefunden, was man mittlerweile allerorts »Gentrifizierung« nennt. Die Gegend war viele Jahre so schmuddelig, dass die Wohnungen billig waren. Deswegen war die Gegend interessant für Menschen, die genauso wenig Geld hatten wie die Ureinwohner, dafür aber viele Pläne. Sie eröffneten Galerien, Cafés und Boutiquen – und irgendwann verdienten sie damit auch Geld, weil Junge, Kreative, Schöne aus der ganzen Stadt, dem ganzen Land, der ganzen Welt kamen. Die Jungen, Kreativen und Schönen vor und in den Galerien, Cafés und Boutiquen wiederum lockten Menschen an, die nicht mehr jung sind oder schön, auch nicht kreativ – dafür aber reich und die Nähe zu den Jungen, Schönen und Kreativen suchen.

Die Arbeitslosenquote im einstigen Schmuddel-Quartier liegt noch immer bei gut 19 Prozent. Und die Bewohner, die Arbeit haben, verdienen etwa 25 Prozent weniger Lohn als der Bundesdurchschnitt. Die Zuziehenden dagegen sind allesamt verhältnismäßig gutverdienend. Kein Wunder, dass die Hausbesitzer jetzt die alteingesessenen Geringverdiener mit diversen Schikanen und dreisten Mieterhöhungen aus ihren Wohnungen vertreiben wollen. Betroffene Mieter berichten von Wasserschäden, die partout nicht beseitigt werden, von ausdauerndem Baulärm oder von plötzlichen Kündigungen, nur weil die Miete einmal einen Tag zu spät überwiesen wurde. Der Wohnraum im Kiez ist mehr wert, als die Leute bezahlen, die ihn seit vielen Jahrzehnten bewohnen. Erst wenn ein neuer Mietvertrag unterschrieben wird, müssen sich die Vermieter nicht mehr an gesetzliche Grenzen für Mietsteigerungen halten. Um 7,2 Prozent stiegen zuletzt die Mieten bei Neuvermietungen im gesamten Bezirk Friedrichshain-Kreuzberg, stärker als zur gleichen Zeit in allen anderen Berliner Bezirken. Und selbst weite Teile des angrenzenden Neuköllns, viele Jahre eine No-Go-Area, sind mittlerweile attraktive Wohngegenden geworden. Die »Prinz Von Preussen Grundbesitz AG« vermeldet bereits höchst erfreut, Kreuzberg sei ein »Magnet für moderne und solvente Kosmopoliten und Kreative aus der Medien-, Film- und Modebranche«. In den kommenden zehn bis zwanzig Jahren, so die Prognose des Unternehmens, könnten »die Preise das Niveau von Paris und London erreichen.« Wenn das mal keine gute Nachricht ist. Für die »Prinz Von Preussen Grundbesitz AG«.

Im gleichen Viertel, in dem auch unsere Grundschule steht, entstanden vor zwei Jahren die »Carlofts«. Sonnige Fabriketagen, deren Alleinstellungsmerkmal es ist, dass der Besitzer sein Auto mit einem Aufzug bis vor die Wohnungstür fahren kann. Die Kaufpreise für diese sehr exklusiven Penthouses beginnen bei einer halben Million Euro. Gleich um die Ecke steht eine gigantische Neubausiedlung, die in den achtziger Jahren neu war und in der Familien wohnen, die knapp über und auch unter der Armutsgrenze leben. Doch selbst solche Sozialwohnungen sind vor den extremen Mietsteigerungen nicht mehr sicher. Sie gehören zu insgesamt 28 000 zwischen 1987 und 1996 errichteten Sozialwohnungen, die vom Land Berlin mit 3,9 Milliarden Euro gefördert wurden. Angesichts eines Schuldenberges von sechzig Milliarden Euro, stoppte im Jahr 2003 ausgerechnet der damalige Berliner Finanzsenator Thilo Sarrazin weitere Zuschüsse, die den Vermietern einst versprochen worden waren. Dank dieser Kürzung konnten die Vermieter in der Folge ganz legal deutlich höhere Mieten verlangen, sogar rückwirkend für bis zu 23 Monate. Das Problem: Die Mieten sind nun oft höher, als erlaubt – höher, als es den Mietern erlaubt ist. Arbeitslose bekommen von der Arbeitsagentur vorgeschrieben, wie viel ihre Wohnung kosten darf. In vielen Fällen können sich die sozial bedürftigen Bewohner von Sozialwohnungen nun die Sozialwohnungen nicht mehr leisten. So wurde etwa der Fall einer türkischen Familie bekannt, deren Kaltmiete von 668,06 Euro auf 1.566,51 Euro gestiegen ist. Mit den Wohnungen, die so frei werden, wird munter spekuliert, sie gelten als lohnende Kapitalanlage. Und den Vormietern bleibt oft nichts anderes übrig, als weit weg zu ziehen, in Bezirke am anderen Ende der U-Bahn-Linien, dorthin, wo die Mieten noch den Vorgaben der Ämter entsprechen.

Es steigen in Kreuzberg, dem Bezirk, den einst die Alternativen und Ausländer prägten, nicht nur die Mieten, es wachsen auch die sozialen Gegensätze und die Spannungen. Wer mehr hat, der hat auch mehr zu verlieren, gerade, wenn er von Verlierern umgeben ist. Die »Carlofts« mit ihrer irrsinnigen Garagenidee sind ein besonders drastisches Symbol für den neuen Zuzug nach und die neue Abgrenzung in Kreuzberg. In den letzten Jahren wurden in Berlin einige hundert Autos angezündet, vermutlich von linksgerichteten Gentrifizierungsgegnern, es waren meist sehr teure Modelle. Direkt vor unserer Schule brannte erst vor wenigen Monaten ein Porsche mit Münchner Kennzeichen komplett aus, entzündet mit Brandbeschleuniger. So gesehen ist es nur logisch und vielleicht sogar verständlich, dass die betuchten Neu-Kreuzberger ihre Autos lieber im Wohnzimmer parken und den Aufzug zu ihrer 300-Quadratmeter-Wohnung mit einem Code sichern. Die »Carlofts« sind natürlich ein Extrembeispiel. Das Konzept scheint nicht aufzugehen, nur wenige dieser Lofts konnten bislang verkauft werden, was irgendwie beruhigend ist. Aber es gibt unzählige Mietshäuser in der Umgebung, die aufwändig saniert und horrend verteuert wurden, wie das »Quartier73« – und die ebenfalls Hass provozieren. An die Fassaden klatschen Farbbeutel, Scheiben gehen zu Bruch. Diese Sachbeschädigungen kann man verurteilen. Man kann den Alt-Kreuzbergern, die sich gerade auch öffentlichkeitswirksam gegen die lauten Partytouristen aus allen Kontinenten wehren, fehlende Toleranz und Neid vorwerfen, wie es oft geschieht. Man kann sich über die Wut gegen die Aufwertung der Quartiere wundern, denn die, die am lautesten gegen Gentrifizierung schimpfen, sind doch selbst vor Jahren neu nach Kreuzberg gezogen und haben den Bezirk lebenswerter und damit auch teurer gemacht. Meine Eltern, Spießigkeits- und Bundeswehr-Flüchtlinge aus Stuttgart, waren sozusagen die ersten Gentrifizierer. Aber man kann auch feststellen, dass der Wohnungsmarkt in Kreuzberg ein besonders aggressiver geworden ist, ein ungezügelter. Dass sich die Lokalpolitik in Sachen Mieterschutz machtlos gibt. Dass tatsächlich eine Verdrängung stattfindet und dass die, die verdrängt werden – die Arbeitslosen, die Mini-Jobber und die Migranten –, meist keine Stimme haben. Es beschweren sich derzeit die Kreuzberger, die sich ihre steigenden Mieten noch leisten können, aber Angst haben, dass das eines Tages nicht mehr so ist. Die Kreuzberger, die sich die Mieten jetzt schon nicht mehr leisten können, verschwinden einfach, sie gründen keine Bürgerinitiativen, sie sind keine Wutbürger. Sie sind stumme Bürger.

Da ich Ahmed nicht erreiche, gehe ich die alte Adressliste unserer Grundschulklasse durch. Mit den Telefonnummern von früher habe ich kein Glück. Kein Anschluss unter dieser Nummer, Menschen, die nicht wissen, von wem ich rede. Zuletzt versuche ich es bei Sven. Sven war der Schüler, der bei Telefonketten immer vergessen wurde. Den niemand anrufen wollte. Sven kam erst in der dritten Klasse zu uns, er war sitzengeblieben. Sven war älter und dicker als wir alle. Er trug Pullover, die man schon damals nicht mehr trug, und eine Brille, die seine Augen ganz klein machte. Sven sprach wenig und schnaufte viel. Er zeichnete während des Unterrichts die »Ninja Turtles« in wilden Kämpfen auf seine Hefter – und er schrieb nichts in die Hefter hinein, dementsprechend schlecht blieben seine Noten. Sven wurde nur einmal gehänselt, das war in seiner ersten großen Pause bei uns. Moritz rief: »Du bist so dick, dass gar kein Ball an dir vorbei ins Tor kommt«. Sven nahm Moritz in den Schwitzkasten, bis zum Ende der Pause. Danach wurde Sven nur noch ignoriert. Ich war wohl der Einzige von uns, der je bei ihm zuhause war, nicht ganz freiwillig. Er lebte mit seiner Stiefmutter und seinem Vater in einer engen Neubauwohnung an einer vierspurigen Straße. Svens Mutter lebte um die Ecke, aber er sehe sie selten, sagte Sven, sie sei beschäftigt. »Was macht sie?«, fragte ich. »Sie trinkt«, sagte Sven. Unser Direktor und Englischlehrer Herr Seibel hatte mich gebeten, Sven Nachhilfe zu geben. Mir war das sehr unangenehm. Sven auch. Wir saßen in seinem kleinen Zimmer auf dem Bett, denn einen Tisch gab es nicht, und ich schrieb einige Vokabeln auf ein Blatt Papier. Ich sagte: »Ist doch ganz einfach.« Sven sagte: »Ist es nicht.« Er schnaufte und nach einer Weile fragte er: »Soll ich dir meine Videospiele zeigen?« Sven hatte viele Videospiele und er beherrschte sie alle. Er schoss Raumschiffe vom Himmel. Er trat Angreifer in die Flucht. Er lenkte Formel-1-Boliden. Er war nicht mehr der unbeholfene Junge aus der letzten Reihe, er war ein Champion, ein Held, ein Alleskönner, schnell und geschickt, er hatte alles unter Kontrolle und schnaufte nicht mehr. Nach zwei Stunden kam seine Stiefmutter ins Zimmer, gab Sven einen Klaps auf den Hinterkopf und fragte mich: »Und, haste aus Svennie jetzt ein Genie gemacht?« Sie lachte, Sven lachte auch und drückte noch ein paarmal auf die Knöpfe seines Joysticks. Ich ging nach Hause und habe danach nie wieder Nachhilfe gegeben.

Unter Svens alter Telefonnummer meldet sich eine krächzende Stimme: »Wer issn da?« Es ist die Stimme von Svens Stiefmutter. Ich erkläre umständlich, dass ich mit Sven zur Schule gegangen bin, dass ich nun alle Mitschüler von damals wiedertreffen will, und frage, ob es wohl möglich wäre, dass sie mir die aktuelle Nummer von Sven gibt oder mir sagt, wo ich ihn finden kann. »Dit is sogar ganz einfach möglich«, unterbricht mich die Stiefmutter, »ick hol ihn einfach aus seinem Zimmer und du fragst ihn selbst.« Im Hintergrund ist ein Klopfen zu hören. »Wat denn«, ruft es dumpf. »Da ist jemand für dich am Telefon!« »Wer denn?« »Keine Ahnung, hat viel erzählt, aber nüscht jesagt!« Dann nimmt Sven den Hörer. Seine Stimme hat sich nicht verändert, sie war schon immer so tief, zwischen den wenigen Worten, die er spricht: das vertraute Schnaufen. Ich sage Sven, dass ich ihn gerne treffen möchte. »Na jut, wenn du meinst, dass ick interessant bin, gerne, kann ja nicht schaden.« Aber erinnern, sagt Sven, könne er sich nicht, an gar nichts. »Ick weiß nicht, wer du bist. Ick weiß nüscht mehr von damals, dit is mir auch egal!« Ich frage, wo wir uns denn treffen sollen, wo er wohne. »Na hier«, sagt Sven, »Zuhause halt!« Sven ist zwei Jahre älter als ich, also heute 29. Ich frage lieber nicht, warum er noch zuhause wohnt. Er gibt die Antwort von alleine: »Ick kann mir gerade keine eigene Wohnung leisten, ick bin auf der Suche nach nem neuen Job.« Ich solle einfach demnächst vorbeikommen, sagt Sven. Sven war einfach zu erreichen, weil ihn seine Arbeitslosigkeit offenbar in der Wohnung des Vaters gefangen hält. Am Telefon sagt er: »Ick könnte natürlich an den Stadtrand ziehen, da sind die Mieten noch billig, aber ick will hierbleiben, in unserem Kiez, dit verstehste, oder?«

Noch bevor ich weiß, wie sehr sich meine Mitschüler verändert haben, weiß ich sicher: Ihre Heimat hat sich verändert. Unser Kiez ist schöner geworden. Auf den ersten Blick. Er ist nach meinem Geschmack schöner geworden. Beim Kiosk an der Ecke gibt es jetzt Bier und Zeitungen aus München, was angenehm ist, weil Berliner Bier und Zeitungen nicht konkurrenzfähig sind. Für Ahmed und seine Familie war in dieser schönen neuen Welt kein Platz mehr. Oder: Sie konnten sich einen Platz in dieser Umgebung nicht mehr leisten. Sie wurden wegsaniert. Ich bin mir nicht sicher, ob sich Ahmed in seinem Kiez, den er früher mit dem viel zu kleinen BMX-Rad durchfuhr und in dem er jeden Hinterhof kannte, überhaupt noch wohl fühlen würde. Ich könnte ihn fragen.

Wenn er denn endlich an sein blödes Handy gehen würde.

3.

Frau Schach macht weiter

Weil ich von Ahmed noch immer nichts gehört habe und auch die anderen Mitschüler nicht erreiche, beschließe ich, die Reise in die Vergangenheit dort zu beginnen, wo alles begann. An der Schule. Wenn sich der Bezirk so stark gewandelt hat, kann auch die Blücher-Grundschule nicht mehr die alte sein.

Zunächst kommt mir jedoch alles sehr bekannt vor. Das Eingangstor haben wir damals im Rahmen eines »Projekttages« rot gestrichen, es ist noch immer rot, an der Wand daneben sind die bunten Abdrücke unserer winzigen Hände zu erkennen. Und auch hinter dem Tor hat sich nichts verändert, die große Pause klingt, wie sie schon immer geklungen hat: ein gleichmäßiges Kreischen im Hintergrund, darüber das Klatschen des Fußballs gegen die Mauer, das Klick und Klack von der Tischtennisplatte, blecherne Lautsprecherdurchsagen, das Trampeln kleiner Turnschuhe auf dem Asphalt, eine Lehrerstimme, noch lauteres Kreischen, dann das Rasseln der Schulklingel. Ich stehe einige Minuten am Rand des Schulhofs, auf dem ich gelernt habe, freihändig Fahrrad zu fahren und Mädchen zum Weinen zu bringen. Was ja jeder meint, sagen zu müssen, der an Orte der Kindheit zurückkehrt: Alles wirkt viel kleiner als damals. Logisch. Der Schulhof der Blücher-Grundschule, eingerahmt von hohen Brandmauern und einer Kirche, die hier im Bezirk nie eine Rolle spielte, war für mich als Kind eine kaum zu durchquerende Welt, deren Kontinente der Sandkasten, der Blumengarten, die alte Eiche im fernen Süden und der Sportplatz waren. Meine Tage fanden eben vor allem auf diesem Schulhof statt, alles Wichtige passierte hier. Der Schulhof war mein Leben. Natürlich war er groß und weit und abenteuerlich. Und natürlich ist es nur ein enger, betonierter Spielplatz.

Ein Junge mit staubigen Fußballschuhen und dunkler Haut guckt mich von weit unten an und kräht: »Was machen Sie hier?«

»Ich besuche die Schule.«

»Aber Sie sind ein Erwachsener. Sie haben kein Recht, hier zu sein!«

Der Junge rennt weg.

»Wo die das bloß lernen«, spricht eine rauchige Stimme hinter dem Blumenkübel, neben dem ich stehe. Herr Sobotzki, ein runder, zerfurchter Mann mit kahlem Kopf und rotem Vollbart, erhebt sich stöhnend hinter dem Gestrüpp, das er gerade gießt. Herr Sobotzki war schon Hausmeister der Grundschule, als ich eingeschult wurde. Er lebte mit seiner Frau in der Wohnung direkt neben dem Haupteingang, rauchte den ganzen Tag Zigarillos am Fenster und schrie uns an, weil wir zu laut oder zu viele oder zu schnell waren. Er schien Kinder nicht sonderlich zu mögen. Seine Frau schenkte uns oft Bonbons, als wolle sie sich für ihren Mann entschuldigen. Als die Frau eines Tages auf den Stufen zur Schule einen Schlaganfall erlitt und mit dem Kopf sehr unglücklich auf die Steintreppe fiel, hatten die Sommerferien gerade begonnen. Nach den Ferien trug Herr Sobotzki diesen roten Vollbart und trank genauso viel wie er rauchte. Jetzt lallte er zwar, schimpfte aber weniger und gab uns ab und an von den Bonbons, die seine verstorbene Frau immer bei sich getragen hatte.

»Ich verstehe wirklich nicht, woher die das haben. Die Ausländerkinder. Immer sagen die, man habe kein Recht, irgendetwas zu tun. Du hast kein Recht, hier zu sein. Ich habe kein Recht, ihnen zu verbieten, die Blumen herauszurupfen. Ich habe kein Recht, ihnen das Fahrradfahren auf dem Hof zu untersagen. Ich habe kein Recht, sie am Kragen festzuhalten, wenn sie sich gegenseitig die Fresse polieren.«

Herr Sobotzki sagt, er würde mich nicht wiedererkennen. Kinder sähen alle gleich aus. »Aber heute würdest du mir auffallen, du wärst hier ne Kuriosität als deutscher Junge, so was gibt's nur noch selten. Hier gibt's ja nur noch freche Araber.«
    »Wir waren doch früher auch frech«, sage ich.
    »Aber gegen diese Jungs von heute hättet ihr keine Chance gehabt. Das sind Killer im Vergleich zu euch. Und ihr hattet keine Ahnung von euren Rechten. Heute gibt's nur noch so freche Jungs wie der eben, die von ihrem Ausländervater lernen, dass sie sich an keine Rechte halten müssen in diesem Land oder dass niemand ein Recht hat, ihnen etwas zu sagen. Keinen Respekt haben die. Keine Manieren. Keine Grammatik. Keine Zukunft.«

Herr Sobotzki ist nur schwer zu unterbrechen.

»Klingt ja so, als sei alles nur schlimmer geworden, seitdem ich die Schule verlassen habe«, sage ich.

Herr Sobotzki hustet und beugt sich wieder hinter seinen Blumenkübel. »Schau dich doch um. Als nächstes streichen sie meine Stelle, weil ich kein Recht habe, diese Blumen zu gießen.«

»Wissen Sie, ob Frau Schach noch unterrichtet?«

»Ob sie noch unterrichtet, weiß ich nicht. Aber ich sehe sie jeden Morgen in die Schule laufen. Ich bezweifle nur, dass Frau Schach die Kinder noch normal unterrichten kann. Denen kann man doch nichts beibringen. Wahrscheinlich hat sie dazu sowieso kein Recht. Die arme Frau. Ist doch Scheiße.«

Ich hatte vergessen, wie düster und kalt das Treppenhaus der Schule ist. Aber jetzt, da ich es wieder betrete, wird mir klar, dass ich in den letzten Jahren oft von diesem vermoderten Treppenhaus geträumt habe. Wie ich die Stufen hinaufrenne, aber nie ankomme. Wie ich das große Einmaleins aufsagen muss und dabei hoch und wieder runter und wieder hoch rennen muss. Niemand aus unserer Klasse traute sich früher alleine in das Treppenhaus. Keiner gab zu, dass er Angst hatte. Aber wer morgens ohne Begleitung am Schuleingang ankam, wartete auf den nächsten. Es hieß, es seien mal Kinder verschwunden zwischen dem dritten und dem vierten Stock. Vor dem Lehrerzimmer im Erdgeschoss steht an diesem Tag Herr Fritz. Herr Fritz war der Klassenlehrer der Parallelklasse, mit der wir anfangs gemeinsam Sportunterricht hatten. Wenn Herr Fritz wütend wurde, weil wir ihm im Sitzkreis nicht zuhörten, zog er sich den linken Turnschuh aus und warf ihn nach uns. Zwanzig Jahre später starrt Herr Fritz auf eine Pinnwand, an der kein einziger Zettel hängt.

»Herr Fritz?«

Herr Fritz starrt weiter auf die Pinnwand.

»Wissen Sie, wo ich Frau Schach finden kann?«

»Ja, ja, Frau Schach, gute Frau, wirklich eine gute Frau, die Beste, die wir haben. Nehmen Sie sich ein Beispiel an der. Frau Schach, Susanne steht zu ihrem Wort, hat noch Ideale, weiß sich zu wehren. Gute Frau, glauben Sie mir. Für junge Lehrer ein echtes Vorbild, oder?«

»Ich bin kein Lehrer, ich bin ein ehemaliger Schüler von Frau Schach.«

»Dann haben Sie Glück gehabt«, sagt der Mann, vor dessen Schuhen, Größe 46, wir uns fürchteten, und schaut durch mich hindurch, »Sie hätten auch bei mir in der Klasse landen können. Frau Schachs Klasse sitzt da hinter der letzten Tür.«

Vor Klassenzimmer 0.11 hängt die übliche Grundschulkunst an der Wand: Fingerfarbenbilder, Gipsadrücke, Ausflugserinnerungen. »Die Mama und die Papa von Suleyman kamen zum Zoo mit. Die Mama hat eine Kopftuch, weil sie an Allah glaubt«, steht in Schnörkelschrift neben einigen Fotos. Zwei kleine Mädchen betrachten ein Plakat, auf das diverse Gegenstände gemalt sind. »Was siehst du hier?«, steht auf dem Plakat. Die Mädchen gehen die Gegenstände der Reihe nach durch. »Ball, Haus, Schaukel, Bus, Schlüssel, Katze, Insel …« Sie stutzen. Das nächste Bildchen zeigt ein längliches Ding, es könnte ein Schraubenzieher sein oder eine Luftpumpe oder vielleicht ein Zauberstab. »Was soll das denn sein«, fragt eines der Mädchen. Beide drehen sich zu mir um. »Wissen Sie, was das ist?« »Nein«, sage ich, »ich überlege auch gerade.« »Guck, er weiß es nicht«, sagt das Mädchen, »er ist ein Deutscher und weiß es auch nicht!« »Ah«, ruft das andere Mädchen, »na klar, ein Stock!« Es schaut zu mir: »Sie sollten Deutsch-Nachhilfe nehmen!«

Im Klassenzimmer sitzt Frau Schach auf einem Stuhl, der viel zu klein für sie ist, umringt von zehn Jungen und Mädchen. Sie hat ihre Knie fast bis ans Kinn gezogen. Die Kinder strecken ihr Hefte entgegen, jedes will, dass Frau Schach sein Heft zuerst anschaut, zehn Kinderstimmen rufen: »Frau Schach, bitte!« Ein Junge kommt auf mich zugerannt, er springt an meinen Beinen hoch wie ein Schoßhund, der tagelang alleine eingesperrt war, und schreit: »Was willst du, was willst du?« Ich sage, dass ich Frau Schach besuchen möchte. »Bist du seine Sohn, bist du seine Sohn?« »Nein, ich bin nicht ihr Sohn.« »Du siehst aber sie ähnlich. Du siehst aus wie seine Sohn!« »Das heißt: *ihr* Sohn«, sage ich nun etwas lauter, während ich versuche den Jungen von meinem Arm zu schütteln. Frau Schach erhebt sich mit einem Seufzer von dem kleinen Stuhl. »Lass das, Tuncay! Was gibt es denn?«, plötzlich hellt ihr Gesicht auf, der leere Blick weicht einem Grinsen, als sei sie gerade aus einem anstrengenden Alptraum geweckt worden. »Warte, sag nichts, du bist … Patrick! Aus der Klasse mit Ahmed, Anton, Miriam, na klar!« Frau Schach sagt, sie erinnere sich an jeden von uns, weil wir ihre erste Klasse waren, sie hatte gerade ihr Referendariat beendet, mit uns fing alles an. Sie umarmt mich. Wir sind Fremde. Aber es fühlt sich vertraut an, es erscheint wie das Normalste, was wir in dieser Situation machen können. Wir durften sie immer umarmen, auf Klassenfahrten, vor dem Wochenende, nach der Zeugnisvergabe, wir brauchten das. Jetzt ist es, als brauche sie das. Frau Schach reicht mir bis zur Brust. Aber sie fühlt sich immer noch an wie Frau Schach. Ein weicher Lehrkörper. Legginstragende, kreideverstaubte Frau Schach. Ihr Haar ist noch immer ein Wollknäuel, nur dass die Wolle grau geworden ist.

»Boah, wann war das, bei Jesus Geburt, so lange her, ihr seid voll alt«, schreit der kleine Tuncay, der jetzt wieder an meinem Arm hängt. »Ihr könnt alle nach Hause gehen«, ruft Frau Schach und flüstert zu mir: »Das ist Deutsch-Nachhilfeunterricht.« »Bitte, kommen Sie wieder besuchen«, schreit der Junge an meinem Arm. »Mal sehen«, sage ich. »Bitte, bitte, bitte«, schreit er. »Ja, ja, Tuncay, der Mann kommt bestimmt noch mal«, sagt Frau Schach und wirft mir einen beruhigenden Blick zu. Sie setzt Tuncay einen Schulranzen auf, der doppelt so viel wiegt wie er – und dann schaukelt der Junge aus dem Klassenzimmer. »Ich glaube, Tuncay bekommt nicht viel Aufmerksamkeit zuhause«, sagt Frau Schach, »aber jetzt lass uns einen Kaffee trinken gehen. Ich muss hier raus.«

Auf einem der gebohnerten Gänge kommt uns Herr Sontheimer entgegen. Mit diesem unterkühlten Herr-Sontheimer-Gesicht. Es war ein Schock, als er für die letzten zwei Jahre unsere Klasse von Frau Schach übernahm: Nun gab es Zensuren und Strafarbeiten, es war Schluss mit den Umarmungen. Mir verordnete Herr Sontheimer prompt Schreibübungen für Erstklässler, weil meine Schrift so unlesbar war. Das ist sie noch heute, es hat wenig geholfen, dass ich viele Seiten lang Kringel nachzeichnen musste. Vielleicht wollte uns Herr Sontheimer auf die Härte und die Monotonie der Welt da draußen hinter dem roten Eingangstor vorbereiten. Beliebt hat ihn das nicht gemacht.

Herr Sontheimer grüßt Frau Schach und mich nicht, er scheint uns gar nicht zu sehen. Ich verspüre dieses Ziehen im Magen, das ich immer verspürte, wenn Herr Sontheimer mich fragte, ob ich die Mathe-Hausaufgabe erledigt hätte oder ob er mal meinen Hefter kontrollieren könne. Meine Stimme versagt. Dann ist Herr Sontheimer schon wieder weg. »Hast du Herrn Sontheimer gar nicht erkannt?«, fragt Frau Schach. »Doch«, sage ich, »aber ich war gerade so … perplex.« »Verstehe ich«, sagt sie.

Ehemalige Lehrer wiederzutreffen ist verstörend. Man hat sie einst bewundert, geachtet, gefürchtet, gehasst, geärgert oder geliebt – und viele Jahre später steht man vor Männern und Frauen, die einem leid tun oder von denen man enttäuscht ist, weil man sie in jeder Hinsicht überholt hat und sich fragt, warum man sie einst bewundert, geachtet, gefürchtet, gehasst, geärgert oder geliebt hat. Mit Grundschullehrern ist es besonders schlimm: Man war damals, verglichen mit heute, nicht nur dumm, sondern sehr dumm. Die Lehrer, die einem Schreiben und Lesen und Denken beibrachten, waren daher zwangsläufig sehr schlau. Allwissende. Nur: Seitdem haben sie nicht viel dazugelernt, man selbst im Zweifel schon. Frau Schach aber ist einfach Frau Schach und es ist ziemlich offensichtlich, warum wir sie gemocht haben. Man fühlt sich wohl in ihrer Anwesenheit, geborgen. Sie kann zuhören und sie kann erzählen. Sie hat die Geduld und die Gelassenheit einer Frau, die sich in den letzten zwanzig Jahren knapp vierhundert Kindernamen merken musste. Und Herr Sontheimer, das kann ich nach diesem kurzen Wiedersehen schon sagen, hat auf mich ebenfalls noch dieselbe Wirkung, die er zu Schulzeiten hatte: Er macht mir Angst.

Wir sitzen in einem dieser neuen Cafés, von denen es rund um die Schule plötzlich viele gibt. Zu unserer Zeit gab es weit und breit nur den alten Getränkeladen, in dem wir in der großen Pause Cola kauften und Kaugummis klauten. Frau Schach sagt: »Für mich ist das immer sehr komisch, wenn mal ein ehemaliger Schüler vorbeikommt. Für euch war die Schule hier nur das erste Kapitel. Ich bin immer noch da. Andererseits ist das schön an meinem Beruf: dass ich vielen Kindern auf die Sprünge helfe und was mitgebe und dann kommen sie wieder und erinnern sich gerne an ihre Grundschulzeit. Obwohl, ich weiß nicht, ob die Kinder von heute mich in zwanzig Jahren besuchen.«

Es hat sich auch im Leben von Frau Schach, Mitte Fünfzig, einer der wenigen Urberlinerinnen in Berlin, einiges verändert. Sie hat sich von ihrem Mann getrennt, der immer einen Blaumann trug, wenn er sie von der Schule abholte. Sie hat die beiden Töchter alleine großgezogen. Beide sind nun in der Welt unterwegs, die eine mit dem Rucksack, die andere für eine Umweltorganisation. Sie nimmt Proben von verseuchten Flüssen, baut Kläranlagen. Beide wollen die Welt retten, sagt Frau Schach, die an der Blücher-Grundschule auch ein bisschen die Welt rettet, aber das bekommt kaum jemand mit. Die Töchter haben der Mutter »Skype« auf dem alten Computer installiert und einmal in der Woche sieht Frau Schach dann diese jungen Frauen, die mal ihre Mädchen waren, im Schein von Anti-Moskito-Kerzen auf irgendeiner Veranda irgendeiner Dschungel-Lodge sitzen und lässt sich von Sonnenbrand, Heimweh und vom Mopedfahren auf Schotterwegen erzählen. Oft ist die Verbindung schlecht. Wenn die Töchter am anderen Ende der Welt zum Ende des Gesprächs fragen, wie es ihr geht, sagt sie: gut. Alles in Ordnung. Was soll sie sagen? Die Sparpläne des Berliner Bildungssenators gehören nicht nach Indonesien oder Malaysia oder Neuseeland. Soll sie in dieses blöde Headsetmikrofon etwas von der letzten Schulkonferenz und von dem Ärger auf dem Elternabend und von Tuncay sagen, der sich keine zehn Sekunden auf eine Sache konzentrieren kann? Soll sie ihren Töchtern sagen, dass sie sich alleine gelassen fühlt? In der Schule, in Berlin, in der Wohnung. Nein, es ist alles okay. Alles ganz normal. Wird immer schlimmer. Wie gewohnt. Die Schüler, die Frau Schach umarmen wollten, sind gegangen und die Eltern, die Frau Schach zum Abschied eine Flasche Wein schenkten, mit ihnen. Die Töchter sind gegangen. Der Mann ist gegangen.

Weil sie die große Wohnung nicht aufgeben wollte, hat Frau Schach eine Anzeige aufgegeben: Seitdem wohnt immer eine junge Frau bei ihr, meist sind es Studentinnen aus dem Ausland. Eine richtige WG, sagt Frau Schach. Sie kochen zusammen. Das hält jung. Die Arbeit mit den Kindern an der Schule hält nicht jung. Die macht alt. Frau Schach will bald ein Sabbatical, ein Jahr Pause, einlegen. Dann ist sie endlich diejenige, die geht. Sie könnte reisen. Oder im Ausland unterrichten. In Finnland vielleicht. Finnland schneidet bei der PISA-Studie regelmäßig am besten ab. In Finnland sind die Klassen klein und die Geduld groß. Wenn ein Schüler nicht mehr mitkommt, dann rückt eine Art »Feuerwehr« aus Pädagogen und Mitschülern an und kümmert sich ganz individuell um ihn. Bis er wieder Anschluss gefunden hat. Klingt wie das Lehrerparadies.

»Ich weiß nicht, wo ich anfangen sollte, wenn ich dir erzählen müsste, was hier alles schiefläuft. Es ist deprimierend. Ich meine, ich habe mal richtig motiviert angefangen. Ich wollte jedem Kind eine gute Zukunft ermöglichen, mich um jedes Kind kümmern«, sagt Frau Schach. Sie erzählt eine Geschichte, die jeder Lehrer erzählen kann, zumal in Berlin. Eine Geschichte vom Ausbaden gesellschaftlicher Versäumnisse, von fehlendem Respekt. Eine Geschichte von Menschen, die das Gefühl haben, sie seien jeden Tag in einer aussichtslosen Mission unterwegs. Und dann gelten sie doch wieder nur als faule Beamte. »Ich will nicht jammern«, sagt Frau Schach.

An einigen Berliner Schulen konnten im vergangenen Schuljahr keine Halbjahresnoten vergeben werden, weil so viel Unterricht ausgefallen war. Viele ältere Lehrer sind dauerkrank, ihre Stellen konnten nicht neu besetzt werden. Lange hieß es aus der Berliner Bildungsverwaltung trotzdem beharrlich, es herrsche kein Lehrermangel. Erst kürzlich wurden endlich rund tausend neue Stellen versprochen. Frau Schach sagt, die langen Diskussionen über diverse Schulreformen, die dann doch nicht zustande kommen, seien zermürbend. Mittlerweile werden an der Blücher-Grundschule die ersten drei Jahrgänge in einer gemeinsamen Klasse unterrichtet, »das hilft ein wenig«, sagt Frau Schach, »so können schnelle Schüler mit den Älteren lernen und die Langsamen werden nicht einfach zurückgelassen. Aber als Lehrer muss man Lust haben, neue Konzepte auszuprobieren. Viele Kollegen, die schon länger dabei sind, haben aber keine Lust mehr und ich kann sie verstehen.«

Selbstverständlich, sagt Frau Schach, hat das alles auch mit der ewigen Debatte um den »Ausländeranteil« zu tun.

Frau Schach weiß nicht mehr, wann die Blücher-Grundschule umgekippt ist. Ein paar Jahre nachdem wir weg waren wahrscheinlich. Es wurde zwischenzeitlich wieder besser. Sie ist die Erste, von der ich höre, dass Grundschulen in Berlin »umkippen«. Reihenweise. Aber sie ist nicht die Letzte, von der ich das höre. »Ab 60 Prozent NdH-Anteil wird es schwierig, guten Unterricht zu gestalten«, sagt sie. Frau Schach spricht oft von »NdH-Kindern«. »Nichtdeutscher Herkunft?«, frage ich. »Nein, nein, nichtdeutscher Herkunftssprache, das ist ein wichtiger Unterschied!« Manche Lehrer sagen, sobald mehr als die Hälfte der Schüler NdH-Kinder seien, bekomme eine Schule Probleme. Andere Lehrer sprechen von 70 Prozent. In Frau Schachs Welt gibt es NdH-Kinder und Kinderladen-Kinder. Das sind die zwei Extreme. Ein Kinderladen ist ein Kindergarten, nur dass er nicht staatlich, sondern von einer Elterninitiative organisiert ist. Ich habe in den achtziger Jahren einen solchen Kinderladen besucht. Unsere Erzieherin hieß Silvy und der Erzieher »der Falk«, wir rannten nackt im Garten rum und unsere Eltern waren alle mal zum Studieren nach Berlin gekommen. Der erste Kinderladen wurde 1967 in Frankfurt gegründet, und wahrscheinlich nannte man diese alternative Kinderbetreuung damals »Laden«, weil das irgendwie locker klang, nach »so nem Laden« eben, in dem jeder machen kann, was er will. In einem Garten züchtet man Kinder und schneidet sie zurecht. In einem Laden bietet man ihnen etwas an. Meine Freundin, die aus München stammt und einen Kindergarten besucht hat, macht sich über die vielen Berliner »Kinderläden« lustig. Sie sagt, das klinge, als könne man dort Kinder kaufen.

Frau Schach sagt, die Eltern von Kinderladen-Kindern seien gebildet, solvent, sehr interessiert, sehr kritisch, sehr an der Schule interessiert. »Die Eltern der NdH-Kinder dagegen«, sagt Frau Schach und schiebt dazwischen, was sie so oft dazwischenschieben muss: »und das ist jetzt sehr verallgemeinernd«, seien »sozial schwächer gestellt, eher wenig interessiert und selten auf Elternabenden anwesend.« Beide Sorten von Eltern können für eine Lehrerin anstrengend sein: übereifrige Eltern, die nur das Beste für ihr Kind wollen. Und antriebslose Eltern, denen das schulische Vorankommen ihres Kindes egal ist.

»Ich pauschalisiere mal eben weiter«, sagt Frau Schach: NdH-Kinder sprechen in der Regel schlecht deutsch, haben nicht oder nur kurz einen Kindergarten besucht, weisen bei der Einschulung erhebliche motorische Mängel auf, sind in einer »sehr reizarmen Umgebung« aufgewachsen und haben ihren Bezirk nie verlassen. Kinderladen-Kinder können schon lesen und schreiben, wenn sie in die Schule kommen, haben nach der Schule keine Zeit, weil sie auch noch diverse Vereine und Musikkurse besuchen, gucken viel weniger Fernsehen und sind mit ihren Eltern bereits um die Welt gereist. Frau Schach erzählt von Kindern, die in die erste Klasse kommen und nicht wissen, wie sie einen Stift halten sollen. Und von Kindern, die sich in der ersten Klasse bereits auf Englisch vorstellen können. »Gab es denn zu unserer Zeit diese Unterschiede nicht?«, frage ich. »Doch, die gab es«, sagt Frau Schach, »aber es gab mehr Kinderladen-Kinder als NdH-Kinder, oder wie bei euch eben eine ausgeglichene Mischung. Bei euch in der Klasse gab es auch jemanden wie Cem, der mich in der ersten Klasse fertig gemacht hat, weil er nur aggressiv war. Oder es gab die Oma von Dina, die mir erzählte, sie wisse gar nicht, warum ihre Tochter zur Schule gehen müsse, sie selbst habe auch nie eine Schule besucht und käme trotzdem durchs Leben. Aber Cem und Dina und die anderen haben davon profitiert, in eine so bunt gemischte Klasse zu kommen. Sie haben neue Einflüsse bekommen. Und ihr habt auch von ihnen profitiert. Na ja, von Cem vielleicht nicht, der blieb ja dann auch sitzen.«

Der NdH-Anteil an der Blücher-Grundschule beträgt derzeit etwa siebzig Prozent. In Frau Schachs aktueller Klasse sind acht von vierundzwanzig Schülern deutsch. In einer ihrer letzten Klassen gab es nur einen deutschen Jungen. Die Mutter des Jungen schrieb Frau Schach eines Abends eine Mail, Frau Schach leitet mir diese nach unserem Treffen weiter.

»Das Grundproblem«, schreibt die Mutter, »ist einfach die Klassenaufteilung: viele deutsche Mädchen und fast ausschließlich muslimische Jungs. Für dieses Missverhältnis kann kein einziger muslimische Junge etwas. Yussef und Hasan sind wahrscheinlich nur so mächtig in der Klasse, weil es einfach keinen männlichen Gegenentwurf gibt. Für Benedikt ist diese Situation besonders problematisch. Er wird tagtäglich mit einem Weltbild und mit Verhaltensweisen konfrontiert, die ihm ganz fremd sind, denen er sich jedoch anpassen muss, wenn er Freunde haben will. Er fragt:

›Mama, was heißt *auf den Koran schwören?*‹, ›Was heißt es, wenn ein Mädchen keine Ehre hat?‹ Es ist dieses ganz bestimmte Bild von Männlichkeit, dem er gehorchen muss, wenn er dazugehören will. Er muss sich schlagen, sich wehren, Ausdrücke sagen, die Mädchen meiden. Da er im Grunde ein ganz anderer Junge ist, steht er mittlerweile permanent unter Hochspannung: Er ist einerseits sehr weinerlich und bekommt andererseits bei nichtigen Anlässen richtige Wutanfälle. Manchmal sitzt er schon morgens mit geballten Fäusten am Frühstückstisch, murmelt schlimme Schimpfwörter und beschreibt, wen er wie verkloppen wird. Wenn ich dann mit meinen hausbackenen humanen Vorstellungen ankomme und sage, man müsse immer zuerst miteinander reden, merke ich schnell, wie wenig das mit seiner Realität zu tun hat. In seiner Jungswelt geht es ›Auge um Auge, Zahn um Zahn‹. Und wer einem bösen Blick nicht standhält oder wer nicht zurück haut, der wird immer wieder gehauen, dem wird täglich ein Bein gestellt, den lachen alle aus. Dazu kommt, dass die Jungs im Spiel fließend von einer Sprache in die andere wechseln, und Arabisch oder Türkisch wohl vor allem dann verwenden, wenn sie über andere lästern. Das verunsichert Benedikt. Benedikt ist in dieser Klasse der andere, derjenige, der fremd ist. Diese Situation überfordert ihn. Nach der letzten Klassenreise wollte er sofort Tina anrufen, die er ja schon vor der Schule gekannt hat, und ihr erklären, warum er auf der Reise nicht mit ihr spielen konnte. Ich fragte ihn, warum er das nicht konnte, und er sagte: ›Weil die Jungs mich dann blöd finden und mich beschimpfen!‹ Er muss sich permanent anpassen. Er kann nicht er selbst sein. Und er will nicht mehr am Religionsunterricht teilnehmen, obwohl er das Fach und die Lehrerin sehr mag. Er will nicht mehr hin, weil er dort der einzige Junge ist. Ist es vermessen, wenn ich mir für meinen Sohn eine andere Situation wünsche? Freunde, bei denen er nicht unter einem solchen Anpassungsdruck steht? Besteht vielleicht die Möglichkeit, zwei oder drei freundliche, nicht-auffällige, nicht-muslimische Jungs in die Klasse zu bekommen? In der Klasse 2a soll es doch ganz viele nette, deutsche Jungs geben. Die Situation kommt mir einfach zunehmend ausweglos vor. Ich möchte, dass Sie das wissen.«

Nur wenige Wochen nach dieser Mail nahm die Mutter ihren Sohn von der Schule. Sie blieben im Kiez wohnen, aber die Mutter fuhr das Kind nun jeden Morgen nach Berlin-Mitte. »Das ist ein extremer Fall«, sagt Frau Schach, »aber kein Einzelfall. Es ist schwer für uns, gesunde Klassen zusammenzustellen. In der Parallelklasse gibt es nur ein deutsches Mädchen. Sie hat kürzlich ihre Eltern gefragt, ob sie nicht ein Kopftuch tragen könne.«

Wir bestellen Tramezzini mit Rosmarinschinken. Um uns herum sitzen Menschen deutscher Herkunftssprache im zeugungsfähigen Alter. Alle fünf Minuten laufen Frauen mit kleinen Kindern im Tragetuch oder im Buggy vorbei. Ein Hauch von Prenzlauer Berg weht durch den Kiez. Wenn aber die Umgebung der Blücher-Grundschule so viel lebenswerter geworden ist, warum hat davon die Schule selbst nicht profitiert? »Weil man hier gut wohnen kann, aber nur schlecht zur Schule gehen«, sagt Frau Schach, »jedenfalls denken das die Eltern, die wir so gerne bei uns hätten.« Laut einer Forsa-Umfrage würden über sechzig Prozent der Berliner ihr Kind nicht in Kreuzberg zur Schule schicken. 76 Prozent davon begründen das mit dem hohen Ausländeranteil.

Einige Tage später sitze ich im Büro der neuen Rektorin der Blücher-Grundschule und erfahre mehr über den Kampf um deutsche Eltern und Kinder. Ich bin noch mal mit Frau Schach verabredet, die mir einige alte Unterlagen und Fotos geben will. Zunächst aber warte ich auf Frau Schmidtke, die auf der Suche nach den aktuellsten Statistiken über ihre Schülerschaft ist. Ich saß vorher nur einmal in diesem dunklen Rektorenzimmer. Herr Seibel, Frau Schmidtkes Vorgänger, hatte mich zu sich gerufen, weil er mir eine Brille verpassen wollten. »Ich habe dich beobachtet, Patrick, du kneifst oft deine Augen zusammen. Viele Kinder brauchen eigentlich eine Brille, aber niemand merkt das. Ich kenne einen sehr guten Augenarzt, der ganz moderne Untersuchungen vornehmen kann, der wird dir helfen. Ich bitte dich, mit deiner Mutti oder deinem Vati in seine Praxis zu gehen.« Mit meiner Mutter fuhr ich anschließend tatsächlich in einen weit entfernten Bezirk, glotzte in diverse Gerätschaften, aber der Doktor musste sichtlich enttäuscht zugeben, dass auch seine neuartige Methoden keine Sehschwäche beweisen konnten. Bei vielen Mitschülern, die Herr Seibel auch zu diesem Arzt geschickt hatte, war das anders. Fast die Hälfte der Kinder aus meiner Klasse trug danach eine Brille. Wir waren schon längst nicht mehr auf der Grundschule, als herauskam, dass diese Koryphäe der Berliner Augenheilkunde, zu der Herr Seibel uns alle geschickt hatte, sein Schwager war. Herr Seibel war danach ohnehin nicht mehr lange Schulleiter der Blücher-Grundschule.

Frau Schmidtke wirkt so, als habe sie keine Zeit, sich auch noch um die Sehkraft ihrer Schüler zu kümmern. »Also, ganz kurz, ich muss gleich zu einer Klassenkonferenz!« Sie zeigt auf einige Zettel: »Der Anteil an NdH-Kindern ist konstant, aber hoch bei uns. Hier, Sie sehen, dass es vor allem Kinder aus türkischstämmigen Familien oder Familien aus dem Libanon sind.« Ist das ein Problem? »Erstmal nicht, es ist eine Herausforderung«, sagt Frau Schmidtke. An der Blücher-Grundschule gibt es Deutsch-Kurse für Eltern, diverse Nachhilfekonzepte, Partnerschaften. »Wir machen viel«, sagt Frau Schmidtke, »aber für viele deutsche Eltern gelten wir als Problemschule. Und ich weiß nicht, wie sich das ändern soll. Solche Vorurteile halten sich hartnäckig, Eltern warnen sich gegenseitig, geben sich zweifelhafte Ratschläge und machen sich gegenseitig ganz hysterisch.«

Im Internet finden sich diverse Anleitungen für besorgte Eltern von Kindern, die bald eingeschult werden sollen. Da steht zum Beispiel: »Sie wohnen in Berlin-Kreuzberg, haben schulpflichtige Kinder und wollen diese in einer ganz normalen Grundschule einfach anmelden? Viel Glück! Sollten Sie jedoch feststellen, dass die Schule in ihrem Einzugsbereich nicht in Frage kommt, dann kaufen Sie sich eine große Packung Baldrian oder Johanniskraut. Im Bezirk gibt es zwanzig Grundschulen. In neun dieser zwanzig Grundschulen liegt der Anteil von Kindern nichtdeutscher Herkunftssprache bei über achtzig Prozent, in vier davon sogar bei über neunzig. Das allein sagt vielleicht noch nicht viel aus, aber hier im Bezirk liest das jeder als Indikator für Sprachprobleme, grobmotorische Umgangsformen und damit als schwierige Ausgangssituation für den Schulalltag. ›Bildungsfern‹ ist hier das neue Schlagwort.«

Beim Begriff »bildungsfern« fällt mir Frau Schmidtke ins Wort. »Das ist es ja! Wir haben wirklich ein Problem mit Kindern, denen in ihren Familien nichts geboten wird, um die sich zuhause niemand kümmert. Aber das sind nicht nur die NdH-Kinder, wir haben ja auch noch viele deutsche Kinder hier – und die stammen auch fast alle aus bildungsfernen Familien!« Frau Schmidtke erzählt, dass sie manchmal mit Eltern hier sitzt, die ihr erklären, das Kind gehe gegen Mitternacht ins Bett, und schlafe vor dem Fernseher ein und morgens nehme es sich eine Tüte Chips aus dem Küchenschrank mit. »Die werden ihrer Verantwortung nicht gerecht, wir haben hier mit sozialer Verwahrlosung zu tun«, sagt sie, »unter diesen sozial schwachen Familien sind viele nichtdeutsche Familien. Aber wir haben auch viele deutsche Familien, in denen Sprachlosigkeit herrscht. In denen die Kinder nicht Deutsch lernen.«

Vier Vorzeige-Grundschulen gibt es derzeit in Kreuzberg. Sie gelten jedenfalls als Vorzeige-Schulen, weil der Anteil deutscher Schüler dort gen hundert Prozent geht. »Diese Schulen gewinnen den Wettbewerb«, sagt Frau Schmidtke. Einen Wettbewerb, an dem sie gar nicht teilnehmen will. Bis zum vergangenen Jahr änderten deutsche Mittelschichts-Eltern sogar zum Schein ihren Wohnsitz, bloß um in den Einzugsbereich dieser anderen Schulen zu kommen. Das ist mittlerweile gar nicht mehr nötig, denn seit dem Schuljahr 2010/2011 gilt in Berlin eine Wahlfreiheit. »Das ist natürlich verheerend«, sagt Frau Schmidtke, »so wird die soziale Trennung noch viel stärker. Diese vermeintlich erfolgreichen Schulen, die gar nicht viel mehr anbieten als wir, gehen direkt in die Kinderläden und bieten den Eltern an, die ganze Gruppe in eine Klasse einzuschulen. Das könnten wir auch machen, aber ich will das nicht. Ich bin ja nicht der Dienstleister für gutverdienende deutsche Eltern, meine Schule soll für alle da sein.« Aber jetzt ist es so weit gekommen, dass die Blücher-Grundschule nur noch für die da ist, die sonst niemand haben will. »Unter unseren Schülern sind ja genügend interessierte, wache Kinder. Aber es ist ein Teufelskreis: Wegen des NdH-Anteils haben wir ein Image, das wir nicht mehr loswerden.« Was auch zu diesem Teufelskreis gehört: Viele Schulen in der Umgebung haben unter den Schülern einen so hohen Anteil an Kindern aus Haushalten, die staatliche Unterstützung bekommen, dass die Schulen keine Lernmittelförderung bekommen. Die Schulbücher der bedürftigen Kinder werden ohnehin vom Staat bezahlt, also bekommt die Schule kein Geld mehr für Bücher. Das Problem: Eltern, die sich und die Bücher ihrer Kinder selbst finanzieren, müssten für die Schulbücher selbst aufkommen, wenn ihre Kinder eine solche Schule besuchen. So werden diese Problemschulen für Besserverdienende erst recht unattraktiv – und bleiben Problemschulen. Frau Schmidtke sagt dann einen interessanten Satz, sie sagt: »Irgendwann habe ich mir gedacht: Freu dich doch über den hohen NdH-Anteil!« Sie sagt, an ihrer Schule könnten Lehrer noch etwas bewegen, hier gebe es wirklich etwas zu tun. Wenn das Geld und das Personal dafür da wären. »Ich kann mich aber nicht so richtig freuen, denn gleichzeitig bekomme ich natürlich von der Schulverwaltung zu hören: Was ist denn bei Ihnen los? Warum werden denn diese Zahlen nicht besser?« Als könne Frau Schmidtke etwas dafür, dass in ihrem Bezirk die Menschen leben, die dort leben. Sie müsse eben, sagen die Vorgesetzten, die »richtigen« deutschen Schüler an die Schule holen. »Aber wir sind doch hier kein wirtschaftliches Unternehmen, wir sind doch eine offene Bildungseinrichtung«, sagt Frau Schmidtke und haut auf den Tisch, dass die Zettel mit all den Spalten und Herkunftsländern hüpfen.

Vor wenigen Jahren antwortete Berlins Regierender Bürgermeister Klaus Wowereit auf die Frage, ob er seine Kinder, die er nicht hat, auf eine Schule in Kreuzberg schicken würde, mit einem trockenen »Nein«. Er würde »jeden verstehen, der sagt, dass er da seine Kinder nicht hinschickt«, sagte Wowereit. Die Empörung war groß. »Da fühlte ich mich persönlich angegriffen«, sagt Frau Schmidtke, »wir leisten hier engagierte Arbeit und der hat nichts Besseres zu tun, als den ganzen Bezirk zu stigmatisieren.« Nicht nur das: Der Berliner Senat, dem Wowereit vorsteht, ist immerhin für die Schulpolitik zuständig. Offenbar fehlt dem Mann, der politisch dafür verantwortlich ist, dass es in seiner Stadt keine Schulen gibt, auf die man sein Kind nicht schicken will, der Glaube, dass sich die Situation verbessern lässt. Wowereit hat resigniert. Weil die Empörung groß war, besuchte der Regierende Bürgermeister wenig später zur Entschuldigung tatsächlich noch einmal Kreuzberger Schulen. Vorzeigeschulen. Schulen, die er ursprünglich gar nicht gemeint haben kann. An der Blücher-Grundschule hat sich Wowereit nicht blicken lassen.

Frau Schach wartet vor dem Lehrerzimmer. An der Wand hängt ein überdimensionales Foto der Fußball-Nationalmannschaft. Özil, Khedira, Boateng blicken kernig in die Kamera. Das Bild soll wohl Motivation und Mahnung zugleich sein: Jeder kann es in diesem Land ganz nach oben schaffen, egal, woher seine Familie stammt. Aber wer wird schon Fußballprofi. Frau Schach hat ein Fotoalbum dabei, das wir ihr zum Abschied gebastelt haben. Jeder Schüler hat eine Seite gestaltet. »Liebe Schachi, ich werde dich vermissen«, habe ich geschrieben. »Ihr wart eine tolle Klasse«, sagt Frau Schach. Ihre Gegenwart lässt die Vergangenheit wohl etwas zu idyllisch erscheinen. »Ihr habt keine Cliquen gebildet«, sagt Frau Schach, »ihr wart füreinander da!« Dass es zwar keine Cliquen gab, dafür aber einen tiefen Graben zwischen Mädchen und Jungen, regelmäßige Prügeleien zwischen den Geschlechtergruppen und auch viele Jungen und Mädchen, die nicht vorlaut oder cool genug waren, um von den anderen Jungen oder Mädchen akzeptiert zu werden, hat sie wohl vergessen. Sven, Dina, Anupama, Murat. Es gab auch in unserer Klasse Außenseiter.

»Miriam habe ich kürzlich auf einer Lehrerkonferenz getroffen«, erzählt Frau Schach, »ich wusste immer, dass sie auch mal Pädagogin wird!« Frau Schach wirkt jetzt ganz aufgeregt. »Simon macht bestimmt irgendwas mit Sport, unser Superathlet! Und Anna ist sicher bereits Professorin oder so! Ja, und du, ich meine, geschrieben hast du schon immer viel, auch wenn man es nicht immer lesen konnte!« Ich frage Frau Schach, was sie von Ahmed erwartet hat. »Schwer zu sagen, bei Ahmed habe ich mir keine Illusionen gemacht«, sagt Frau Schach, »der war ziemlich wild.«

Der kleine Tuncay, der vor wenigen Tagen an meinem Arm hing, kommt auf uns zugerannt. »Du bist wieder da, du kommst jetzt immer«, ruft er. »Die brauchen Vorbilder«, sagt Frau Schach, »und zwar nicht bloß Vorbilder aus ihrem Bekanntenkreis.« Deswegen hat Frau Schach sich jetzt etwas Neues einfallen lassen. Sie lädt nicht mehr nur die NdH-Kinder mit Sprachproblemen zum Nachhilfeunterricht ein – sondern die gesamte Klasse. »Früher«, sagt sie, »haben sich die Nachhilfe-Kinder über diesen Zusatzunterricht identifiziert, sie sagten: ›Ey, ich bin im Nachhilfeunterricht, und ihr scheiß Deutschen nicht.‹ Schon hatten sie sich wieder abgegrenzt. Jetzt wetteifern sie mit den deutschen Mitschülern im Nachhilfeunterricht, sie wollen genauso gut sein.« Es ist ein kleiner Schritt in einer kleinen Welt voll großer Probleme. Aber ein Schritt, der zeigt, dass Frau Schach noch lange nicht aufgegeben hat.

Ich sage Frau Schach, dass ich eine Sache grundsätzlich nicht verstehe: Vor zwanzig Jahren schon kamen Kinder mit Sprachproblemen in ihre Klasse. Die Kinder wuchsen hier auf, liebten Frau Schach, leben nun ihr ganzes Leben in Deutschland. Eigentlich kann es doch nicht sein, dass die Kinder dieser Kinder nun wieder Sprachprobleme haben und die Geschichte von vorne beginnt. »Das stimmt«, sagt Frau Schach, »aber es ist leider so: Die Kinder, die heute bei uns eingeschult werden und große Schwierigkeiten haben, haben höchstens ein Elternteil, das hier aufgewachsen ist. Oft ist der Vater oder die Mutter später nach Deutschland gezogen, ohne Sprachkenntnisse. Es kann gut sein, dass einige deiner ehemaligen Mitschüler auch einen Partner gefunden haben, der neu nach Deutschland kam. Dann sprechen sie zuhause wahrscheinlich nicht Deutsch mit ihren Kindern. Und viele türkische Eltern, die beide in Deutschland großgeworden sind und gut Deutsch sprechen, wollen ihre Kinder nicht hier zur Schule schicken. Sie haben Angst, dass das Niveau zu schlecht ist.«

An meinem Arm hängt wieder der kleine Tuncay: »Spiel mit mich, hey, spiel mit mich!« Aber ich muss darüber nachdenken, was Frau Schach gerade gesagt hat. Einerseits ist es eine gute Nachricht, dass auch türkischstämmige Eltern auf der Suche nach guten Schulen sind. Dass auch türkischstämmige Eltern zur Mittelschicht gehören. Andererseits ist es eine schrecklich Nachricht.

Denn wenn alle fliehen: Wer soll die Blücher-Grundschule retten?

4.

Die Getriebenen

Facebook hilft mir bei der Suche nach meinen Mitschülern. Aber selbst in einer Zeit, in der jede Bekanntschaft aus der Vergangenheit mit nur wenigen Klicks erreichbar ist, wird schnell deutlich, wie weit sich jemand, mit dem man mal viel zu tun hatte, von einem selbst entfernt hat. Zum Beispiel Murat und Ehsan. Murat, Sohn türkischer Einwanderer. Ehsan, Sohn iranischer Einwanderer. Von beiden weiß ich noch, dass Herr Seibel ihnen Brillen verpassen ließ, deren Gläser sehr dick waren. Murat trug immer einen grauen Strickpullover, egal, wie warm oder kalt es war. Murat hatte nie Zeit, er spielte wenig mit uns, musste nach der Schule immer gleich nach Hause. Er war ein schüchterner Junge. Ehsan war der Kleinste von uns. Er sah aus wie eine Schildkröte. Ich mochte ihn.

Beide entdecke ich auf Facebook. Murat trägt dort den Namen eines Spielers vom Fußballclub Fenerbahce Istanbul, ich erkenne ihn nur, weil er bereits mit Ehsan »befreundet« ist. Beiden schreibe ich, was ich allen ehemaligen Mitschülern schreibe: dass es mich freuen würde, sie nach langer Zeit wiederzutreffen und zu erfahren, was sie in den vergangenen zwei Jahrzehnten erlebt haben. Ehsan antwortet sofort. Es sei schön, von mir zu hören. Wir könnten uns bald treffen. Er nennt einige Tage, an denen er Zeit hätte, und ein Café, das jeder kennt, der in unserer Gegend wohnt. Murat antwortet erst nach drei Wochen. »Ok, lass uns treffen!!!« Ich schreibe: »Das ist schön. Wann hast du Zeit?« Wiederum nach einer Woche schreibt Murat: »Ich arbeite die ganze Zeit. Habe auch abends keine Zeit.« Andererseits kann ich jeden Abend sehen, dass er auch mal frei hat. Murat nutzt mit seinem Handy einen Dienst, der seinen Online-Freuden anzeigt, wo er gerade ist. Ich erfahre nicht nur, dass er am Flughafen Schönefeld arbeitet (meist beginnt sein Dienst um sieben Uhr morgens), sondern auch, wann er in die Shisha-Bar geht (montags und donnerstags, mit einem Kerl namens Mustafa), wann er Fußball spielt (in der Regel Dienstagnachmittag) oder wann er mit der U-Bahn nach der Arbeit wieder in Kreuzberg ankommt, wo er offenbar noch immer wohnt (gegen 15 Uhr, wenn er Frühschicht hat, gegen 23 Uhr, wenn er Spätschicht hat). Über zwanzig Jahre war Murat aus meinem Leben verschwunden und jetzt bin ich plötzlich live dabei, wenn er an irgendeiner Tankstelle »eincheckt«, wie mir gemeldet wird.

Ich schreibe Murat erneut: »Es eilt nicht, ich freue mich aber wirklich sehr, wenn du es trotz der Arbeit mal einrichten kannst.« Nach zwei weiteren Wochen und einigen freundlichen Erinnerungen von mir schreibt Murat zurück: »Sorry, habe kein Bock auf Treffen, ich mag nicht, wenn man mir Fragen stellt!« Ich antworte darauf nicht ganz ehrlich: »Es soll gar kein Interview sein, nur ein nettes Wiedersehen.« Murats Reaktion: »Ok, ok, ich melde mich.« Es wird nach dieser Nachricht weitere drei Wochen dauern, bis wir uns wiedersehen. Immerhin. Von Ahmed dagegen: nach wie vor kein Lebenszeichen. Seine Mailbox ist mittlerweile voll mit Nachrichten von mir. Ich komme mir aufdringlich vor. Vielleicht war es naiv zu denken, jeder werde gerne an die Vergangenheit erinnert.

Mittlerweile habe ich fast alle Mitschüler kontaktiert. Manche habe ich im Telefonbuch gefunden, andere über das Einwohnermeldeamt oder durch glückliche Zufälle. Die meisten aber im Internet. Von Profilbildern in so genannten sozialen Netzwerken lächeln mir fremde Gesichter entgegen, deren Grundzüge mir doch bekannt vorkommen. Haare sind ausgefallen, Bäuche gewachsen, Kinder klettern ins Bild, Sorgenfalten sind entstanden. Die ersten Reaktionen auf mein Anschreiben sind so, wie ich sie mir vorgestellt habe: »Hey! Wahnsinn!« »Das ist ja ewig her!« »Oh Mann, weißt du noch?« »Klar, ich erinnere mich!« »Lustig, habe letztens erst an dich gedacht!« »Cool, habe deinen Namen mal irgendwo gelesen!« »Der Patrick!« »Wer hätte das gedacht?« »Krass, dich gibt's noch!« »Boah!« »Was?« »Verdammt, waren wir klein!« »Hast du Fotos von damals?« Grundschulnostalgie eben. Die Menschen in meinem Alter, die ich kenne, sind gerne nostalgisch. Sie sind schon nostalgisch, noch während sie etwas erleben – oder auch ohne etwas erlebt zu haben. Deswegen boomen iPhone-Apps, mit deren Hilfe man Fotos so bearbeiten kann, dass sie aussehen, als seien sie in den 1960er, 1970er oder 1980er Jahren entstanden. Deswegen versammeln sich auf überaus erfolgreichen Online-Angeboten wie stayfriends.de in Erinnerungs-Foren die alten Cliquen wie einst in der Raucherecke. Deswegen erreichte mich unlängst keine acht Jahre nach dem Abitur die feierliche Einladung zu einem Stufentreffen, mit »gemeinsamer Begehung des Schulgeländes«. Ich weiß nicht. Ich will das Schulgelände nicht schon wieder betreten. Ich bin noch immer erleichtert, es verlassen zu haben. Aber viele Menschen meiner Generation sehnen sich zurück nach dem Schulhof, nach dem Große-Pause-Gefühl, nach dem Zeugnisvergabe-Gefühl, nach dem Hitzefrei-Gefühl. Kein Wunder: Damals war alles ganz einfach. Heute ist alles sehr kompliziert. Man absolviert unzählige Praktika, wohnt in Wohnungen, die die Eltern bezahlen, eine Festanstellung ist etwas Antikes, das man nur aus Erzählungen kennt – und das mit Ende zwanzig, Mitte dreißig. Die Menschen meiner Generation denken, erwachsen sei man dann, wenn man angekommen ist. Aber ein Ziel ist nicht in Sicht. Deshalb vermissen sie die Übersichtlichkeit der Schulzeit, das Zimmer unterm Dach der Eltern, die Zeit, in der man ihnen sagte, was sie zu tun hatten. Und so schreiben sie Einladungen zu Klassentreffen, die so salbungsvoll formuliert sind, als träfe man sich nach fünfzig Jahren wieder, und markieren sich eifrig auf Klassenfotos im Internet. Einerseits können sie nicht erwachsen werden. Andererseits benehmen sie sich wie wehmütige Rentner.

Alle deutschen Mitschüler, die ich anschreibe, wollen sich gerne mit mir treffen. Sie sind ganz begeistert. Viele schreiben, sie würden »Schachi« schon manchmal vermissen. Aber mit den Mitschülern, deren Eltern nicht aus Deutschland stammen, ist es schwieriger. Murat ist kein Einzelfall. Es ist, als würde uns mehr trennen als nur die zwanzig Jahre ohne Kontakt, die mich von allen Mitschülern trennen. Arzu vertröstet mich auf »den Sommer«, sie werde sich melden. Es ist noch lange nicht Sommer. Mit Elin bin ich sogar schon verabredet, eine Stunde vor dem Treffen schickt sie mir eine Mail, es sei »etwas dazwischengekommen«, sie werde sich melden. Es vergehen drei Monate, bis ich wieder von ihr höre. Sibel kann sich »nicht einfach so mit jemand Fremdes treffen«, sie müsse mal mit ihrem Mann sprechen, sie werde sich melden, in einiger Zeit. Außer Ehsan sind nur Julian, der Deutsch-Iraner, und Fatih, der Junge mit der Eisenfaust, sofort einverstanden. Julian schreibt: »Welch angenehme Überraschung, wir finden bestimmt bald ein Zeitfenster, das uns beiden genehm ist.« Fatih schreibt: »Logo.« Über die anderen Kinder, die wir damals noch nicht NdH-Kinder nannten, ist online überhaupt nichts zu erfahren. Offenbar geht es mit der Integration auch im Internet nur schleppend voran. Von den deutschen Schülern aus meiner Grundschulklasse haben nur zwei online gar keine Spuren hinterlassen. Sven, der noch Zuhause wohnt – und Fabian.

Fabian, gennant Fabi oder später Kifferfabsi war der Junge, der eines Tages auf den Kleiderschrank kletterte. Er lebte mit seiner Mutter Edeltraud, einer Heilpraktikerin, der großen Schwester und dem großen Bruder im Haus neben dem Freibad unweit der Schule. Die Geschwister hatten sehr komische Namen, Eddrun und Olf oder so ähnlich. Es war eine etwas andere Familie. Fabi dagegen war ein unauffälliger Junge. Aber dann kam er nicht mehr zur Schule, in der zweiten Klasse muss das gewesen sein. Fabi fehlte Tage, Wochen. Niemand hörte von ihm, rief man bei Fabi zuhause an, sagte seine Mutter, er sei krank, aber sicher bald wieder auf den Beinen. Klingelte man an der Haustür, kam die Mutter herunter und sagte, Fabi sei zu geschwächt, um Besuch zu empfangen. Irgendwann jedoch verkündete Frau Schach: »Heute besuchen wir Fabi!« Wir marschierten in Zweierreihen in das Haus neben dem Freibad, und stapften hinauf in den zweiten Stock. Trudel war wohl eingeweiht und öffnete die Tür, sie wies uns durch den langen Flur und hinein in Fabis Kinderzimmer. Es war leer. Trudel rief: »Fabi, sie sind da!« Da raschelte es aus einer Ecke. In der Ecke stand ein massiver Kleiderschrank. Auf dem Schrank saß Fabi, er hatte sich in eine Bettdecke gehüllt, um ihn herum standen benutzte Gläser, ein Teller mit belegten Broten, Mickey-Mouse-Hefte und Kaugummipapier. Fabi drehte seinen Kopf zur Wand. »Hallo, Fabi«, sagte Frau Schach, »wir wollten dir bloß sagen, dass wir dich sehr vermissen!« Fabi schwieg. Wir starrten hoch zu ihm. Fabi begann schließlich, mit Glasmurmeln nach uns zu werfen. »So, jetzt ist es Zeit zu gehen«, sagte Trudel, »Fabi wird bestimmt bald runterkommen!«

Nach einer Woche war er wieder da. In seiner Anwesenheit wurde danach nie wieder über den Schrank gesprochen. Später kam Fabi mit mir aufs Gymnasium, soweit ich weiß, kletterte er nicht mehr auf den Schrank, dafür sah ich ihn ab der achten Klasse morgens auf dem Schulweg meist auf einer Bank vor dem Eingang zum Freibad sitzen. Jedes Mal fragte er mich:»Magst du was vom Joint abhaben?« Aber ich vertrug nichts, schon gar nicht morgens um halb acht. Nach der neunten Klasse kam Fabi nicht mehr zur Schule. Diesmal blieb er verschwunden.

Ich komme verspätet zum Treffen mit Ehsan. Das Café ist gut gefüllt. Am Tresen sitzt ein recht schmächtiger Mann mit dunklem Teint. Es ist der einzige Gast, der annähernd so aussieht, als könnte es der erwachsene Ehsan sein. Außerdem ist es der einzige Gast, der nicht deutsch aussieht. Ich gehe auf ihn zu. »Hallo, ich bin's, Patrick!« Der Mann schaut mich verwundert an. »Entschuldige, ich bin zu spät«, sage ich. Der Mann zuckt mit den Schultern. In diesem Moment steht jemand hinter mir: »Patrick?« Ehsan ist kaum gewachsen. Aber die Brille ist verschwunden, und das Schildkrötenhafte in seinem Gesicht mit ihr. »Kennst du den?«, fragt Ehsan, als wir uns gesetzt haben, und nickt zu dem Kerl am Tresen. »Eigentlich nicht«, sage ich. »Ach so, du dachtest, ich wäre das?« »Nein«, sage ich schnell, »na ja, nur kurz …« Ehsan lacht. »Schon okay. Für Deutsche sehen Perser eben alle gleich aus. Da hilft mir mein deutscher Pass überhaupt nicht.«

Das Treffen beginnt zäh. Abwechselnd sagt einer von uns »Tja« oder »verrückt«. Es ist zu viel passiert in der Zwischenzeit. Es ist zu lange her, um einfach weiterzumachen. Es fühlt sich nicht an, als würde ich einen alten Freund wiedertreffen. Eher, als würde ich einem Menschen begegnen, den ich in einem anderen Leben mal kannte.

Ich sage Ehsan, dass es mich wundert, dass wir uns aus den Augen verloren haben. Immerhin war ich mehrmals die Woche nach der Schule bei ihm. Ehsan besaß eine Playstation. Das kam mir sehr luxuriös vor. »Die hatte mein Bruder bei einem Preisausschreiben gewonnen«, sagt Ehsan. Wir durften stundenlang davorsitzen. Das kam mir sehr liberal vor. »Meine Mutter war nur zu höflich, etwas zu sagen, während Besuch da war«, sagte Ehsan. »Auf jeden Fall«, sage ich, »waren wir doch alle gleich und trotzdem hatte ich nach der Grundschule nur noch mit Deutschen zu tun …«

Ehsan unterbricht mich. »Für mich hat es sich nie so angefühlt, als wären wir gleich gewesen. Ich hatte immer das Gefühl, anders zu sein.«
   »Aber du bist doch im gleichen Jahr wie ich geboren, wie ich in Kreuzberg aufgewachsen, auf die gleiche Schule gegangen, hast über die gleichen Witze gelacht.«
   »Ich glaube, euch war damals nicht klar, dass meine Geschichte ganz anders war als eure. Vielleicht sollte ich mal von vorne anfangen.«

Ehsan war vier, als er mit den Eltern, dem Bruder und den beiden Schwestern am Flughafen von Frankfurt am Main ankam. Der Vater, ein Physiker, hatte während des Ersten Golfkriegs den Entschluss gefasst, nach Deutschland auszuwandern. Seine Schwester, Ehsans Tante, lebte bereits in Berlin. Ehsans Mutter war im Iran Lehrerin gewesen, hatte den Beruf aber aufgegeben, um sich um die vier Kinder zu kümmern. Wenn Ehsan an seine ersten vier Lebensjahre denkt, dann denkt er an Bombensirenen über Teheran. An das Fenster ihrer Wohnung, durch das er auf einen belebten Markt blickte. Und natürlich an Safranreis. Ehsans Mutter kocht den besten Safranreis der Welt, leichten, würzigen, mit Butter verfeinerten Safranreis. Das blieb auch in Deutschland so. Wenn ich nach der Schule zu Ehsan ging, gab es jedes Mal Safranreis. »Den macht sie auch heute noch«, sagt Ehsan, »das ist für mich der Geschmack von Heimat. Die liegt irgendwo zwischen Teheran und Berlin, schmeckt aber immer gleich.«

Als wir eingeschult wurden, war Ehsan also erst knapp zwei Jahre in Deutschland. Die Familie hatte gerade die enge Neubauwohnung gefunden, zuvor in einem Asylbewerberheim am Rand von Berlin gelebt. Ehsan sprach nur wenige Worte Deutsch, und die Worte, die er sprach, lispelte er. »Es war schwer in der ersten Klasse«, sagt er. Ich kann mich an seine Sprachprobleme überhaupt nicht erinnern. In meiner Erinnerung war Ehsan von Anfang an eine schelmisch grinsende Schildkröte. Er erzählte uns zwar später im Weltkundeunterricht, warum sein Vater den Iran verlassen wollte. Aber er erzählte nicht, dass die Flucht noch gar nicht lange zurücklag. Oder ich hörte damals nicht zu. Ich ahnte nicht, dass hier alles noch neu war für ihn. Ich ahnte nichts von dem 15-Quadratmeter-Zimmer im Heim, in dem die Familie viele Monate gelebt hatte. Ich ahnte nicht, dass Ehsan jeden Abend deutsche Vokabeln lernte. »Wahrscheinlich ist das niemandem aufgefallen, weil ich im Unterricht nie was gesagt habe. Und wenn wir Playstation gespielt haben, konnten wir uns ja gut verständigen.« In der zweiten Klasse, sagt Ehsan, sprach er schon besser Deutsch als mancher Deutscher. Dem Vater war das wichtig. »Meine Eltern sind Akademiker, die gehörten im Iran zur oberen Mittelschicht, die wollten, dass wir auch in Deutschland etwas schaffen. Dass wir jemand sind, respektiert werden. Mein Vater hat immer gesagt, wir müssten besser sein als die Deutschen, dann würden die uns auch akzeptieren. Deswegen haben meine Geschwister und ich uns auch schnell an das Leben hier angepasst.« Ehsans Schwestern passten sich wirklich vorbildlich an: Sie waren riesige Take-That-Fans, ihr gemeinsames Zimmer zierten lebensgroße Robbie-Williams-Plakate. Als die Band sich auflöste, verfielen die Schwestern für Tage in Klagegesänge. »Mein Vater und meine Mutter haben das alles hier nur für uns getan sie sprechen bis heute nicht richtig gut Deutsch, wichtig sei nur, dass wir Kinder gut Deutsch sprechen, findet mein Vater«, sagt Ehsan. Die Mutter blieb meist zuhause in den ersten Jahren, und wenn sie doch mal rausging, traf sie iranische Verwandte oder Bekannte. Der Vater führte einen Kiosk, in dem es für uns Gratis-Gummibärchen gab. »Das war natürlich unter seinem Niveau, aber in Deutschland wurden seine Abschlüsse nicht anerkannt, er konnte nicht in seinem geliebten Beruf arbeiten«, sagt Ehsan, »deswegen war uns Kindern auch klar, dass wir etwas Anständiges erreichen müssen, dass er alles aufgegeben hat, damit wir uns etwas aufbauen können.« Eine Schwester von Ehsan ist heute Anwältin, lebt in Baden-Württemberg. Die andere arbeitet als Immobilienmaklerin, hat zwei Kinder. Der Bruder besitzt ein eigenes Logistikunternehmen, ist gerade ebenfalls Vater geworden. Und Ehsan? Er sagt: »Ich hätte meinen Vater fast enttäuscht.«

Ich besuche Ehsan wenige Tage später zuhause. Er lebt mit einem Freund, der ebenfalls aus dem Iran stammt, in einer WG. »War gar nicht so leicht, die Wohnung zu bekommen«, sagt Ehsan. Die Vermieterin lud die beiden in ihr Büro, nach einem langen Gespräch, in dem die Vermieterin ungewöhnlich viele Fragen gestellt hatte, sagte sie: »Sie können die Wohnung haben, Sie sind beide offenbar zuverlässig. Aber ich muss da immer besonders vorsichtig sein bei ausländisch klingenden Namen, das verstehen Sie sicher. Ich hätte Sie gar nicht eingeladen, wenn Sie mir nicht so nett geschrieben hätten.«

Ehsans Freundin ist an diesem Abend auch zu Besuch, sie ist deutsch. »Mein Vater findet sie toll«, sagt Ehsan, »er meint, ihm sei egal, woher meine Freundin stammt, Hauptsache sie liebt mich. Mein Vater ist da viel lockerer, als ich es lange war.« Nach der Grundschule kam Ehsan auf ein Gymnasium, ein altsprachliches im Westen der Stadt, Latein, Altgriechisch, das volle Programm, der Vater sagte, wenn schon, dann richtig. Ehsan sagt, er sei darauf nicht vorbereitet gewesen. Nach den Schmusestunden bei Frau Schach und den stupiden Strafarbeiten bei Herrn Sontheimer überforderte ihn das neue Tempo. Er blieb in der achten Klasse sitzen. In der neuen Klasse lernte er neue Freunde kennen: alle arabisch oder persisch. »Wir fanden die Schule ätzend und dann fanden wir auch alle Deutschen ätzend«, erzählt Ehsan, »wir haben uns auf einmal als Randgruppe definiert.« Sie mieden den Kontakt zu ihren Mitschülern und gingen jeden Freitag zum Gebet in eine Moschee. »Das musst du dir mal vorstellen: Meine Eltern waren nie religiös und auf einmal redet ihr Sohn vom Koran«, sagt Ehsan. Es war eine doppelte Revolte gegen den Vater: Ehsan wollte vom Streben und Lernen nichts mehr wissen, stattdessen betete er, ohne an irgendetwas zu glauben. Er verließ die Schule mit einem Realschulabschluss, machte eine Lehre in einer Autofabrik. Er blieb zuhause wohnen, aber er fehlte immer häufiger, wenn der Safranreis auf den Tisch kam. Warum?

»Wenn man immer das Gefühl vermittelt bekommt, anders zu sein«, sagt Ehsan, »will man irgendwann auch anders sein. Ich wollte nicht mehr dazugehören.« Ehsan erzählt eine Geschichte, die schon lange zurückliegt. Er bewarb sich während der Schulzeit für einen Nebenjob in einem Altenheim. Der Leiter des Heims empfing ihn. Das Erste, was er zu Ehsan sagte, war: Sie sprechen aber gut Deutsch, wie lange sind Sie schon hier? »Das verfolgt mich mein ganzes Leben schon«, sagt Ehsan, »eure Eltern, also die deutschen Eltern in der Grundschule, haben mir auch nur das gesagt: wie gut ich Deutsch spreche, und dann haben sie bewusst langsam geredet. Egal, wo ich hinkomme: Immer muss ich die Leute überzeugen, dass ich trotz meines Namens ihre Sprache spreche und auch kein Krimineller bin!« Und im Iran sagen ihm die Verwandten, dass sein Persisch immer besser werde. Er besucht gerne die Verwandten, die in ihren eigenen vier Wänden Hip-Hop hören und CNN gucken und auf der Straße darauf achten, den Sittenwächtern nicht aufzufallen. »Es ist ein verrücktes Leben dort«, sagt Ehsan, »aber wenigstens falle ich auf den ersten Blick niemandem als Fremder auf.«

In seinen »strengen Jahren«, wie Ehsan sie nennt, lernte er ein Mädchen kennen, sein erstes Mädchen. Ihre Familie stammte auch aus dem Iran. Das Mädchen redete noch mehr vom Koran als Ehsan. Sie wollte heiraten. Kinder. Aber erst mal wollte sie nur küssen. Sie wollte, dass Ehsan ihnen eine Wohnung besorgt und sie wollte Persisch reden zuhause in dieser Wohnung, auch mit den Kindern, die sie noch gar nicht hatten, aber bald haben würden, nach der Hochzeit. Da merkte Ehsan: Das ist nicht mein Leben. Er verließ die Freundin. Sie rief noch viele Monate bei ihm zuhause an und schrie auf den Anrufbeantworter der Familie. Den Vater freute das. Er sagte, es sei das falsche Mädchen gewesen.

Mittlerweile macht Ehsan seinen Vater wieder stolz. Er studiert BWL, will wieder zurück in seinen Ausbildungsbetrieb, aber nicht in die Werkstatt, diesmal ins Management. »Ich konnte ja immer schon mehr«, sagt er, »aber ich wollte nicht.« Ehsan geht nicht mehr in die Moschee, aber seine Freunde aus der Schulzeit hat er noch, »unter meinen Freunden sind nur wenige Deutsche«, sagt er,

»eigentlich nur einer.« Ehsan trinkt keinen Alkohol und er tut auch nicht mehr so, als interessiere er sich für Fußball, er geht am Wochenende in einen iranischen Kulturverein – und sonst verbringt er die wenige Freizeit mit seiner Freundin. Ehsan hat drei Nebenjobs, er muss sein Studentenleben alleine finanzieren, die Eltern können ihm nichts dazugeben. »Das war auch in der Grundschule so: Ihr hattet jede Saison neue Trikots eurer Lieblingsfußballteams, ich habe meine Mutter einmal gefragt, ob ich auch eines bekommen könnte, und sie hat mich gefragt, ob ich wisse, wie viele Mahlzeiten man mit achtzig Mark bezahlen könne.«

Ehsan und ich leben heute wenige Querstraßen voneinander entfernt, besuchen dieselben Lokale, kaufen unsere Klamotten in denselben Geschäften. Aber der Aufwand, den Ehsan betreiben muss, um dieses Leben zu führen, ist viel größer. Ich konnte meine Ausbildung und Praktika in Ruhe absolvieren, meine Eltern unterstützten mich, ich konnte reisen, vieles ausprobieren, scheitern, neu anfangen.

»Heute sind wir vielleicht auf Augenhöhe«, sagt Ehsan, »aber ich bin schon mein ganzes Leben damit beschäftigt, mir einen Lebensstil zu erarbeiten, den eure Familien damals schon hatten. Ich bin damit beschäftigt, deutsch zu sein. Und den Erwartungen meines Vaters gerecht zu werden. Der entscheidende Punkt ist: Ich fühle mich nicht als Deutscher und der einzige Grund, warum ich mich benehme wie ein Deutscher, ist, dass ich mich noch weniger als Iraner fühle. Mein Vater hat immer gesagt: Die Deutschen sind bessere Vorbilder als irgendwelche Propheten.«

Zweimal in der Woche arbeitet Ehsan als Nachtwächter in einem Einkaufszentrum. Er muss jetzt los. Er ist ein Getriebener. Er kann sich keine Pause leisten.

Eine Woche später zitiert auch Julian seinen iranischen Vater. »Als wir eingeschult wurden, sagte er zu mir: Julian, du hast das Pech, so auszusehen wie ich und nicht wie deine Mutter. Du siehst aus wie ein Iraner, nicht wie ein Deutscher. Deswegen musst du immer doppelt so viel leisten wie die Deutschen, damit sie dich akzeptieren.« Julian treffe ich vor dem Hauptgebäude seines Instituts, er macht dort gerade seinen Abschluss, auch etwas mit Wirtschaft und Management, die Details seien egal, es gehe um fette Deals, »eigentlich sammle ich gerade schon Geld für mein Start-up-Unternehmen. Ich werde hochwertigen Schmuck im Internet verkaufen. Du wirst davon hören.« Julian sieht so aus, als könne er sich doppelt so viel leisten wie ich. Vielleicht hat er wirklich doppelt so viel geleistet. Er trägt einen teuren Anzug, in seinen Haaren ist viel Gel. Wenn er lächelt, dann nur kurz, wenn er redet, dann auf den Punkt. Ich frage ihn, ob sein Vater Recht hatte. »Ja«, sagt Julian, »er hatte Recht, wie mit allem. Ich habe es den Deutschen gezeigt und weißt du was: Deswegen habe ich nie Probleme wegen meines Aussehens oder meines Nachnamens bekommen. Aber hören wir auf mit dieser Integrationsscheiße, das interessiert mich nicht!« Julian zählt die Städte auf, in denen er studiert hat: Berlin, Paris, London. Er schwärmt von »Süddeutschland«, weil es da Arbeit gebe und Leute, die arbeiten wollen. »Ich werde viel Geld brauchen für mein Start-up«, sagt Julian, »es soll ein großes Projekt sein.« Heute Abend, sagt er, muss er noch für die mündliche Prüfung lernen, es sollte schon die Bestnote werden, er will sich den Schnitt nicht versauen.

Außerhalb des Klassenzimmers sind Julian und ich uns selten begegnet. »Ich hatte schon früher kaum Zeit«, sagt Julian, »Sportverein, Hausaufgaben, du weißt schon.« Seine Eltern trennten sich, da waren wir in der vierten Klasse. Julian zog zu seinem Vater. »Meine Mutter war in der Erziehung eher lasch, zum Glück bin ich zu ihm gekommen.« Julian sagt, seine iranische Abstammung habe ihm nur ein einziges Mal Probleme gemacht: auf einem Dorffest im Westerwald, wo er mit seiner Mutter deren Familie besuchte. Man beschimpfte ihn als »Mohammed«. »Aber sonst«, sagt Julian, »habe ich keine Angriffsfläche geboten. Überhaupt: Wenn sich Türken oder Araber beschweren, dass sie hier immer als Ausländer wahrgenommen werden, dann kann ich nur sagen: Dann hört auf, den Klischees zu entsprechen. Macht einen Abschluss. Lungert nicht rum. Benehmt euch. Grenzt euch nicht ab. Man muss was tun, dann wird man respektiert. Ganz einfach. Und deswegen bekomme ich auch mein Startkapital zusammen, du wirst davon hören.« Julian sagt auch, es sei kein Zufall, dass er und Ehsan gerade dabei seien, Karriere zu machen. Er trifft Ehsan manchmal in der Mensa. »Iraner sind leistungsorientierte Leute, klare Sache. Frag mal die Türken aus unserer Klasse, deren Eltern haben die nicht auf die Uni gedrängt. Wirst schon sehen.«

Julian hat einen Termin in einem Restaurant. Er will einige Investoren überzeugen. Er muss jetzt los. Er ist ein Getriebener. Er will sich keine Pause leisten.

Man kann tatsächlich nicht sagen, dass Fatih von seinen Eltern gedrängt wurde zu studieren. Man kann nicht mal sagen, dass er selbst es eilig hatte zu studieren. Er sei viel »rumgehangen«, sagt er, hatte keinen Bock auf irgendwas. Aber jetzt ist er Architekt. Er sagt, das sei einfach so passiert. Manchmal habe er ein schlechtes Gewissen, weil er nicht mal während des Studiums besonders fleißig war, es fiel ihm einfach leicht. Die Schule war ihm nie besonders leicht gefallen, aber die Noten stimmten. »Ich bin durch die Schule gekommen, ohne aufzufallen«, sagt Fatih. Nur sein Name, der habe den Lehrern Schwierigkeiten gemacht: Vati, Vatisch, Wati, Fathie, sie haben es nie gelernt. Es heißt Fahtich.

Ich warte auf Fatih an einem U-Bahnhof und als er aus dem Waggon steigt, überragt er alle. Fatih ist fast zwei Meter groß. Ich habe vorher lange überlegt, was wohl aus ihm geworden ist. Ich dachte, er würde vielleicht ein Boxstudio betreiben. Oder wäre Türsteher. Aber Fatih war nie ein Schläger. Er war nur ein Gerechtigkeitsfanatiker.

Fatih begrüßt mich mit: »Sieh an, der kleine Patrick!«
    »Du weißt schon, dass ich Angst hatte vor dir«, sage ich.
    »Wieso denn«, fragt Fatih.
    »Na, wegen der Schläge, die du mir verpasst hast!«
    »Ich habe dich geschlagen?«
    »In Kunst, bei Herrn Bimmel, zehnmal, auf die Schulter!«
    »Was? Davon weiß ich nichts mehr! Wieso denn nur?«

Wir laufen an einer langen Warteschlange vor einem Dönerladen entlang. Ich beuge mich vor zu Fatih.
    »Weil ich deine Mutter beleidigt habe, aus Versehen!«
    »Du hast meine Mutter beleidigt? Hast du sie je kennen gelernt?«
    »Nein, ich wollte sie auch gar nicht beleidigen …«
    »Was hast du denn gesagt?«
    Ich wiederhole die Worte leise. Fatih bleibt stehen.
    »Spinnst du?«
    »Hey, ich wusste ja gar nicht, was ich da sage!« Ich gehe ein paar Schritte zurück.

Fatih schüttelt sich vor Lachen. Dann packt er seine große Hand auf meine Schulter. »Du warst ja ein echtes Ghetto-Kind! Tut mir leid, aber offenbar hattest du die Schläge verdient.«

Fatih sagt, er habe bisher stolz behauptet, nie in seinem Leben jemanden geschlagen zu haben. Er habe den Vorfall wohl verdrängt. Erst kürzlich habe er seinem Cousin, 17 Jahre, gesagt, dass er sich mal ein Beispiel nehmen solle. Der Cousin wurde wegen schwerer Körperverletzung zu vielen Sozialstunden verurteilt. Er treibt sich rum auf der Straße, in der schon Fatih aufgewachsen ist. »Die Kids heute sind krasser drauf als wir früher«, sagt Fatih. Ich sage ihm, dass das schon der Hausmeister behauptet hat. »Es ist auch so«, sagt Fatih, »ich weiß nicht, woran es liegt, aber die sind verwahrlost, die bewaffnen sich schon in der Grundschule und wenn die Schule vorbei ist, gehen sie raus und kloppen sinnlos eine Parkbank kaputt oder so. Das hätten wir uns nie getraut.« Fatih spricht oft von »den Türken«. Er sagt: »Gerade die jungen Türken sind krass drauf.« Oder: »Die Türken sind halt so.« Oder: »Du weißt ja, wie die Türken sind.« Ich frage ihn, ob er sich als Deutscher fühlt oder als Türke. Fatih sagt: »Wenn ich in der Türkei bin, fühle ich mich als Deutscher. Wenn ich hier bin, fühle ich mich als Türke. Denn in der Türkei nennen sie mich einen Almanya, hier nennen sie mich einen Türken. Bei allen meinen Praktika wurde mir gesagt, es sei ja toll, dass auch mal ein Türke komme. Ich habe einen deutschen Pass verdammt. Aber im letzten Architektenbüro haben sie mich ernsthaft ›unseren Türken‹ genannt.«

Fatihs Vater haben sie in der Fabrik nie einen Türken genannt. Alle seine Kollegen waren Türken. Zuhause waren die Nachbarn türkisch, der Supermarkt war türkisch, das Fernsehen war türkisch. »Meine Eltern«, sagt Fatih, »sind klassische Gastarbeiter.« Sie arbeiteten hier, um irgendwann genug Geld zu haben, um sich in der Heimat, an der Schwarzmeerküste, ein Haus leisten zu können. Heute arbeiten die Eltern nicht mehr. Genug Geld für ein Haus am Meer haben sie nicht zusammenbekommen. Jetzt sitzen sie im begrünten Hinterhof, den sie zu einer türkischen Oase gestaltet haben, und tratschen mit den anderen Pensionierten, die damals mit ihnen ins graue Kreuzberg der achtziger Jahre gekommen waren. Letztens saß Fatih in so einer Runde, es gab Köfte und Raki. Fatih war sauer, er schimpfte über Thilo Sarrazin. Sein Vater hörte ihm geduldig zu. Dann fragte er: »Wer ist dieser Sarrazin, ein Kollege von dir?« Fatihs Eltern wollen nur ihre Ruhe. Eine türkische Ruhe. Ihre Enkelkinder, die Söhne von Fatihs Schwester, sprechen besser Deutsch als sie. Und Fatih sagt: »Wäre ich nicht zufällig in diesen Kindergarten gekommen, der gleich neben unserem Haus lag und in dem fast nur Deutsche waren, wäre ich in der ersten Klasse bestimmt nicht so gut mitgekommen.«

Fatih liebt seine Eltern über alles. Er kann sie verstehen. Warum sollten sie sich für Deutschland interessieren? Deutschland hat sich auch nie für sie interessiert, nur für ihre Arbeitskraft. Das Problem ist nur: Allein in seiner Großfamilie sieht Fatih viele Jungs und Mädchen in seinem Alter, die den Hinterhof, das eine Café, die Wohnung kaum verlassen. »Die schotten sich genauso ab wie die Alten. Aber die Zeiten haben sich geändert. Das geht so nicht mehr. Sie sind keine Gastarbeiter. Sie haben nicht mal Arbeit.« Fatihs Vater hat ihm von früh an von Kemal Atatürk vorgeschwärmt, von den grünen Hängen am Schwarzen Meer, vom türkischen Stolz. Fatih liebte den Strand, wenn sie im Sommer in die Türkei fuhren, aber das Land konnte er nie so lieben, wie sein Vater es liebte. Er kannte es ja gar nicht. »Deutschland konnte ich auch nie lieben, Deutschland existierte bei uns zuhause überhaupt nicht.«

Fatih ist für seine Eltern ein Außenminister. Wenn in Deutschland doch mal etwas sehr Wichtiges passiert, wenn man zum Beispiel keine Gurken mehr essen soll oder die Stadtautobahn gesperrt ist, dann sagt Fatih Bescheid. Die Eltern verstehen nicht viel von seiner Welt. Es sei gut, wenn er Häuser baue, sagt der Vater, die Menschen brauchen Häuser. Vielleicht kann Fatih dem Vater eines Tages das Haus am Schwarzen Meer bauen.

Fatih und ich sind nun schon viele Stunden durch den alten Kiez gelaufen. Wir stehen vor dem Haus, in dem Fatih mit seiner Familie früher schon wohnte. »Das habe ich noch gar nicht erzählt«, sagt Fatih, »ich wohne wieder zuhause.« Nach dem letzten Praktikum in München habe er in Berlin keine bezahlbare Wohnung gefunden. »Ich bin da aber auch stur«, sagt Fatih, »ich will in Kreuzberg bleiben, was anderes kommt nicht in Frage. Es ist so: Ich bin kein Deutscher, ich bin kein Türke, ich bin Kreuzberger. Aber Kreuzberg verändert sich, das ist nicht mehr mein Kreuzberg. Die Jugendlichen verhalten sich nur noch asozial und gleichzeitig wird der Bezirk zu einem Luxuswohngebiet.« Wenn er es bis Ende des Jahres nicht geschafft hat, als Architekt Geld zu verdienen, sagt Fatih, zieht er nach Istanbul. Auch, wenn er da der Deutsche ist. »In der Türkei suchen sie dringend türkischstämmige Akademiker aus Deutschland. Leute, die Türkisch und Deutsch sprechen, sind da viel wert. Da kann ich wenigstens was aus meiner doppelten Herkunft machen«, sagt Fatih. Es ist schwer, als junger Architekt ins Geschäft zu kommen. Als junger, türkischer Architekt erst recht, sagt Fatih. Er wird sich in der Türkei fremd fühlen. Aber: Hat er sich nicht schon immer fremd gefühlt?

Das Krefelder Institut futureorg hat vor zwei Jahren 250 türkische und türkischstämmige Akademiker befragt, von denen knapp drei Viertel in der Bundesrepublik geboren wurden. 38 Prozent erklärten, sie wollten in die Türkei auswandern. Als Begründung gaben 42 Prozent der Ausreisewilligen an, in Deutschland fehle ihnen das

»Heimatgefühl«. Fast vier Fünftel aller Befragten bezweifelten, »dass in Deutschland eine glaubwürdige Integrationspolitik betrieben wird«.

Ich frage Fatih, was die Grundschulzeit für eine Zeit war? »Eine ruhige Zeit«, sagt Fatih, »es fing erst auf dem Gymnasium an, dass ich der Türke war.«

»Die Grundschulzeit war anstrengend«, sagt Ehsan, »ich merkte sofort, dass ich nie so sein werde wie die anderen Kinder.«

»Unsere Grundschule war echt viel zu locker«, sagt Julian, »die haben uns überhaupt nicht gefordert, die haben mich behandelt wie einen dummen Ausländer. Die haben mein Potential nicht erkannt.«

»Ich gehe lieber nach Istanbul als wieder nach München«, sagt Fatih, der Kreuzberger. Die Mutter hat gekocht. Er muss jetzt los. Er ist ein Getriebener. Er würde gerne eine Pause machen.

»Grüß deine Mutter«, sage ich. »Siehst du«, sagt Fatih, »klingt doch viel besser als ›fick deine Mutter‹!«

5.

Sun Express

Als ich Ahmed mit »unterdrückter« Rufnummer anrufe, also anonym, so, dass er nicht weiß, dass ich es schon wieder bin, geht er endlich ran. »Was denn?«, fragt er. Er klingt nicht sehr erfreut, meine Stimme zu hören. »Ich habe doch gesagt, dass ich mich melde«, sagt er. Und: »Ich melde mich bald.« Ich rufe noch in die Leitung, dass es wirklich dringend ist, ob wir uns nicht gleich heute treffen wollen – aber er hat bereits aufgelegt.

Ich weiß zu diesem Zeitpunkt bereits, wo Ahmed wohnt. Ich habe ihn doch noch im Melderegister gefunden. Vorderhaus, zweiter Stock, eine Türkei-Fahne hängt im Fenster. Auf dem Klingelschild steht zweimal »A. Ertüklü«, im dritten und im zweiten Stock. Das andere »A.« wird für Abdul stehen. Es war klar, dass sie unzertrennlich bleiben würden.

Ahmed und Abdul waren ungleiche Brüder. Ahmed war schlank und laut. Abdul war rund und leise. Ahmed hatte glattes, dunkles Haar und starke Arme. Abdul hatte lockiges, rotes Haar und starkes Asthma. Was sie gemeinsam hatten: ihr Temperament. Man konnte Ahmed und Abdul leicht reizen. Sie waren kleine Choleriker. Stolze Choleriker. Einmal lachte Simon über Ahmeds Referat, das er über die Kaulquappen hielt, die wir in unserem Aquarium in der Lese-Ecke züchteten. Am nächsten Tag merkte er gerade noch rechtzeitig, dass einige Kaulquappen in seiner Trinkflasche zappelten, bevor er daraus trank. Ahmed, der Stärkere, rächte sich eher subtil. Abdul, der Schwächere, dagegen war ein gefürchteter Schulhof-Schläger. Er atmete schwer, aber er kloppte sich. Man sah ihn oft mit hochrotem Kopf durch den Sandkasten rennen, irgendjemand hatte ihn gereizt und nun war er auf der Jagd. Ahmed dagegen prügelte sich nur, wenn es um Abdul ging. Dann aber richtig. Weil Ahmed und Abdul ein explosives Duo bildeten, das schnell für Ärger sorgen konnte, war Abdul, der ein Jahr älter war als Ahmed, nicht in unsere Klasse gekommen, sondern in die von Herrn Fritz, dem Schuhwerfer, als er nach der dritten Klasse sitzengeblieben war. So kam es nur in den Pausen oder in den ersten Jahren im gemeinsamen Sportunterricht zur Eskalation. Oder auf den Klassenfahrten, die wir gemeinsam mit der Klasse von Herrn Fritz unternahmen. Einmal fuhren wir in den Harz. Auf einem Ascheplatz kam es zum Fußballspiel gegen die Fritz-Klasse und nach einem leichten Rempler von Max lag Abdul im Staub und röchelte. Abdul hatte einen Asthmaanfall. Sein Kopf wurde so rot, als würde er gleich platzen. Herr Fritz hielt Abdul verzweifelt das Asthmaspray an den Mund. Und während wir uns alle um den rotköpfigen Abdul sammelten, stand Ahmed an der Mittellinie und auch sein Kopf schwoll an. Ahmed hatte einen Wutanfall. Er stürmte auf Max, seinen Mitspieler, zu, und schrie: »Du hast meinen Bruder umgebracht!« Dann rollte ein Knäuel aus Ahmed und Max über den Staubplatz. Herr Fritz hielt die Rettung von Abduls Leben für dringender als die Rettung von Max und ließ die beiden gewähren. Abdul ging es bald schon besser. Max hatte nur ein paar Schrammen. Aber Ahmed zitterte noch beim Abendbrot. »Wenn es ihm schlecht geht, geht es mir auch schlecht«, sagte er, »ich muss ihn beschützen.« Ahmed war gerne dramatisch, er bekam in solchen Momenten so einen verbissenen Gesichtsausdruck wie Sylvester Stallone als »Rambo«. Seine Lieblingsfilmfigur aus Filmen, die ich nicht sehen durfte.

Zwanzig Jahre später klingele ich bei Abdul. Aber niemand reagiert. Ahmed hat offenbar kein Interesse daran, mich zu sehen. Und ich verfolge ihn bis vor seine Haustür. Vielleicht hat es einen Grund, dass wir uns so viele Jahre nicht gesehen haben. Vielleicht ist es für uns beide besser. Vielleicht ist es einfach zu spät.

»Du findest Ahmed nicht«, fragt Murat, den ich endlich von seiner Arbeit am Flughafen abholen darf, »du solltest lieber froh sei, dass Ahmed dich nicht gefunden hat. Ich war froh, ihn nach der Grundschule nicht mehr zu treffen. Ahmed, dieser çılgın!«
    »Dieser was?«
    »Dieser Verrückte! Dieser verrückter Türke, lan!«
    »Was hat er denn gemacht?«
    »Ich habe ihn manchmal auf dem Sportplatz getroffen«, sagt Murat, »und er ist nicht normal. Er redete viel. Er lügt viel. Man kann ihm nicht trauen!«

Eine Maschine der türkischen Fluglinie »Pegasus« donnert über unsere Köpfe, Murat schaut ihr hinterher und sagt: »Ich brauche Urlaub, ey. Ich war schon viel zu lange nicht mehr in der Türkei.« Er arbeitet als Gepäckabfertiger am Flughafen Schönefeld, holt Koffer und Taschen aus dem Bauch der Flugzeuge, wuchtet sie auf einen Wagen und dann auf das Laufband. Dann wuchtet er auf dem Rückweg die Koffer und Taschen auf den Wagen und in den Bauch der Flugzeuge. Jeden Tag. »Der Job ist okay«, sagt Murat, »es ist ein Job.« Es reicht, um sein iPhone zu bezahlen, mit dem er sein Leben dokumentiert, das ihn langweilt. Hier draußen am Flughafen-Schönefeld arbeitet niemand, der sich mit seiner Arbeit verwirklichen will. Die Piloten vielleicht, aber die sieht Murat nie. Er hat schon viele Jobs gemacht nach dem Realschulabschluss, den er nicht geschafft hat. Jobs, von denen ihm nicht viel mehr geblieben ist als monotone Abläufe, die viel zu lange in seinem Kopf gespeichert bleiben. Kisten raus aus dem LKW, Milchtüten rein in die Supermarktregale. Absperrgitter raus aus dem Transporter, Absperrgitter rauf auf den Bürgersteig. Jetzt eben die Koffer, es ist ein sicherer Job, nur die Löhne sind nicht mehr sicher. Sie haben Murat gleich eingestellt vor zwei Jahren, es dauerte nur lange, bis seine Sicherheitsüberprüfung abgeschlossen war, die jeder überstehen muss, der an sensiblen Orten wie einem Flughafen arbeiten möchte. Der Personalchef riet Murat, unter »Religionszugehörigkeit« »keine« zu schreiben, es käme nicht gut, hier an Allah zu glauben. Die Religion ist Murat egal, »Arbeit ist meine Religion«, sagt er. Arbeit war schon immer die Religion seiner Familie, und am Ende des Lebens wartet nicht die Erlösung, sondern hoffentlich ein Bankkonto, das so voll ist, dass die Nachfahren ein besseres Leben führen können. Der Großvater bewirtschaftete ein Feld nahe Izmir und weil er das Feld verkaufen musste, als er krank wurde, zogen Murats Eltern, frisch verheiratet, nach Berlin. Um zu arbeiten. Murats Vater stand am Fließband eines Armaturenwerks. Wasserhahn vom Band nehmen, prüfen, aufs Band zurücklegen. Die Mutter ging putzen. Den Eimer mit Wasser füllen, Büro wischen, den Eimer mit Wasser füllen, das nächste Büro wischen. Klar, wie alle wollten sie eines Tages zurück in die Heimat. Wie die meisten sind sie noch da. Und Murat wuchs auf mit dem Gefühl, hier nicht bleiben zu wollen, und der Gewissheit, hier nicht weg zu können. Auch er sagt: »Ich bin Kreuzberger, das ist meine Nationalität.« Auch er wohnt noch zuhause, weil er sonst nicht mehr in Kreuzberg leben könnte. Der kleine Bruder ist bereits ausgezogen, er arbeitet als Postbote. Der kleine Bruder hat eine Frau und einen Sohn. Murat war schon in der Grundschule nicht der Schnellste. Er sagt, es sei besser geworden, als Herr Seibel ihm diese dicke Brille verschreiben ließ. Davor hätte immer alles gewackelt, sagt Murat, und alle zwei Minuten ging ein Zucken über sein Gesicht, wenn er aufgeregt war. Wir hatten uns daran gewöhnt, aber irgendeiner lachte doch immer, wenn Murat im Unterricht etwas sagen sollte und dann plötzlich sein ganzes Gesicht zuckte. Herr Seibel kam spät auf die Idee, Murat, dem Einzigen von uns, der wohl dringend eine Brille brauchte, zu seinem Schwager zu schicken. Wir erlebten Murat nicht mehr ohne das Zucken. Wir behielten ihn als den zuckenden Murat in Erinnerung.

Murat ist etwas dick geworden, kahl auf dem Kopf. Es wirkt, als würde er sich freuen, mich zu sehen, auch wenn er zunächst skeptisch war. Wir reden lange, es ist ein gutes Gespräch. Auch wenn jeder von uns von Dingen und Sorgen berichtet, die dem anderen unbekannt sind. Murat berlinert, wie ich nie berlinern könnte. »Und trotzdem«, sagt er, »sagen die Deutschen, ich sei ein Fremder. Ey, hallo! Die ganzen Deutschen hier sind Fremde, die sind doch Zugezogen, deutsche Migranten!« Die Straße, in der Murat am Rande Neuköllns wohnt, war viele Jahrzehnte eine graue Straße, in die man nicht ging, wenn man nicht musste. Es ist die Straße, in der ich mit einem Bushammer überfallen wurde und das noch heute erzähle. Heute ist diese Straße eine aufregende Kneipenstraße, in der sich die Touristen mit den Neu-Berlinern mischen und sich mit Gin Tonic verbrüdern, Touristen und Neu-Berliner aus »Westdeutschland«, wie es Murat, Kind einer geteilten Stadt, nennt. Einige dieser Neu-Berliner sind meine Freunde. Sie sagen oft, es sei doch ein schönes

Happy End, dass sie, die Zugezogenen, heute ihren Kaffee im Tür-
kenviertel tränken, denn die Türken waren ja auch mal Zugezogene.
Aber sie trinken ihren Kaffee nicht mit den Türken, sondern neben
den Türken. Türken sieht man in den Kneipen nicht. Deutsche sieht
man nicht in den türkischen Vereinsheimen, in denen die Männer,
alt und jung, unter Neonlicht Backgammon spielen und Çay aus
winzigen Gläsern trinken. Türken und Deutsche treffen sich in der
Kneipenstraße nur an einem Ort: den »Spätis«. Spätis, Spätkaufs,
Nachtkioske boomen, weil sie die Neu-Berliner mit Zigaretten, Bier
und Kondomen ausstatten zu Zeiten, in denen die Neu-Berliner sich
eigentlich schon für den kommenden Uni-Tag ausschlafen müssten.
Die meisten Spätis werden von Türken betrieben, Murats Onkel hat
auch einen Späti eröffnet, Weser- Ecke Elbestraße, »Drink and Eat
in Neukölln« steht auf dem Schild. So profitieren die Alt-Berliner
doch noch von den Neu-Berlinern, die ihre Wohnungen teuer machen. »Überall Fremde«, sagt Murat, »und ihr Deutschen wollt mit
erzählen, ich sei hier fremd. Das ist meine Stadt. Was wollt ihr
noch?«

Die Frage ist schwer zu beantworten: Was will dieses Land von
Murat? Wahrscheinlich: nichts. Murat ist ein unauffälliger Bürger.
Murat macht keine Probleme. Aber integriert ist Murat nicht. Jedenfalls nicht in die Gesellschaft, die ich kenne. Er arbeitet. Er geht
ins Shisha-Café. Mehr nicht. Murat wählt nicht. Murat schaut keine
deutschen Nachrichten. Er liest keine Zeitung. Er weiß nicht, wer
Sarrazin ist. Er weiß nicht, welcher Partei der Regierende Bürgermeister von Berlin angehört. Es schert ihn auch nicht. Murat zahlt
seine Steuern und beachtet die meisten Verkehrsregeln, wenn er
sich den schwarzen Golf III seines kleinen Bruders leiht, um einfach nur kreuz und quer durch Kreuzberg zu fahren. Murat gehört
zu einer Gruppe von Menschen in diesem Land, die es eigentlich

nicht mehr gibt: Er ist ein Gastarbeiter. Was er von seinen Eltern geerbt hat: das Gefühl, hier nicht zuhause zu sein, und die viele Arbeit. Murat arbeitet mehr und härter als alle anderen, die ich in meinem Alter kenne. Er arbeitet, weil er muss. Er verdient so wenig, dass am Ende des Monats nichts übrig bleibt, aber eigentlich arbeitet er, um genug Geld zu haben, um die Familie doch noch nach Izmir umsiedeln zu können. Um das zu erreichen, was seine Eltern nicht geschafft haben. Murat sagt, er liebe Izmir. Nach unseren Treffen hat er zum ersten Mal seit drei Jahren Urlaub. Diesmal muss er nur seinen eigenen Koffer aus dem Wagen wuchten. Drei Wochen bleibt er in Izmir. Auf Facebook kann man ihn auf seiner Reise begleiten. Er veröffentlicht Fotos aus der Innenstadt, zu sehen sind große Betonklötze und Einkaufszentren, Murat schreibt dazu: »Ein Traum!!! Izmir!!!« Er veröffentlicht Fotos von seiner Großtante und seinen Cousins. Nach drei Tagen schreibt Murat: »Izmir!! Langeweile! Wo soll ich noch hin hier?« Er veröffentlicht dann nicht mehr viel. Nach seiner Rückkehr sagt Murat kleinlaut, er habe nicht viel gemacht in Izmir. Er kenne dort niemanden. Es sei anders dort alleine, anders als früher, als Izmir ein Ferienparadies war, als die Eltern ihm alles zeigten. Izmir hieß für Murat immer Freiheit, Ferne, Heimat. Aber nun lief er drei Wochen lang durch eine Heimat, mit der er nichts anzufangen wusste. »Mit einer Frau wäre es anders«, sagt Murat. Aber er hat keine Frau. »Für mich kommt nur eine Türkin in Frage«, sagt Murat, »deutsche Frauen sind sehr eingebildet.« Er kennt kaum deutsche Frauen, aber man hört ja so einiges. »Ich habe den deutschen Pass abgelehnt«, sagt Murat. Mit 21 Jahren musste er sich für eine Nationalität entscheiden. Aber die Entscheidung war längst gefallen.

Der Unterschied zwischen Murat und Fatih ist: Fatih wollte mehr erreichen als seine Eltern. Murat will das Gleiche erreichen wie seine Eltern. Murat und Fatih leben beide noch zuhause. Aber Fatih ist eigentlich schon weiter. Früher, wenn Elternabend war, begleitete Fatih seinen Vater und übersetzte für ihn. Später, im Gymnasium, sagt Faith, kam er alleine und vertrat sich selbst. Murats Eltern waren nie auf einem Elternabend, er selbst auch nicht. Ein anderes Kind war dafür auf den Grundschul-Elternabenden immer anwesend: Elin. Meine Mutter erzählte mir das jedes Mal. »Wer ist denn dieses hübsche türkische Mädchen, das immer mit seinem Vater kommt?«, fragte sie. Ein hübsches Mädchen? Ich wusste von nichts.

Das hübsche Mädchen ist längst eine hübsche Frau. Elin ruft mich an: »Okay, wir können uns morgen treffen. Am Besten in meiner Mittagspause.« »Wo arbeitest du denn?« »Am Flughafen-Schönefeld.« Wieder warte ich vor dem Terminal, Elin kommt schließlich in einem Stewardess-Hosenkleid aus der Drehtür. Sie arbeitet am Check-In, gehört zum »Bodenpersonal«. Sie weiß nicht, dass Murat auch hier arbeitet und die Koffer, die sie auf die weite Reise schickt, vom Gepäckband wuchtet. Auch Elin hat viele Jobs gemacht, bis sie am Flughafen begann. Jetzt ist sie bald Teamleiterin. »Ich habe nur gearbeitet seit der Schulzeit«, sagt Elin, »mir blieb nichts anderes übrig.« Elin machte ihren Realschulabschluss und wenn sie davon erzählt, merkt man, dass ihr das nicht genügt. »Ich hätte aufs Gymnasium gehen können«, sagt Elin, »wenn mir jemand geholfen hätte.« Aber die Eltern konnten nicht helfen, wie so oft, sie sprachen nicht die Sprache der Lehrer. Und sie arbeiteten, manchmal bis spät in die Nacht. Der Vater schweißte, die Mutter, wie könnte es anders sein, putzte. Elin war für die Geschwister da. Die kleine Schwester studiert heute Jura. Elin war auf jedem Elternabend der Klassen, in die die kleine Schwester ging. Sie übte mit ihr Vokabeln und Rechnen. Sie organisierte ihr Nachhilfelehrer und mit der Zeit verstand Elin selbst viele der Aufgaben, die sie in ihrer eigenen Schulzeit nie lösen konnte. Mit dem Bruder war es genauso. Er war auf der Blücher-Grundschule, wo alle drei zur Schule gingen, der Klassenbeste. Er kam auf das Gymnasium, auf das auch ich ging. Er hatte in der zehnten Klasse noch einen Einserschnitt. Wir sitzen auf der Bank neben dem Flughafenparkhaus, Rollkoffer rattern an uns vorbei und Elin beginnt zu weinen. »Dann ist alles kaputt gegangen!« Vor drei Jahren war das. Elin wohnte noch zuhause. Die ganze Familie war beunruhigt an diesem Abend, weil der Bruder nicht zum Abendessen gekommen war. Er hatte gesagt, er sei mit den beiden Kumpels unterwegs, von denen der Vater nie etwas hielt, weil sie nicht aufs Gymnasium gekommen waren und er immer schon fürchtete, sie würden seinen Sohn davon überzeugen, die Straße sei spannender als die Schule. Als alle zu Bett gehen wollten, schlich der Bruder zur Tür hinein. Willst du was essen, fragte die Mutter, es ist noch was da, aber der Bruder, bleich und mit gesenktem Blick, schüttelte nur seinen Kopf. Lass ihn, sagte der Vater, lass ihn.

Gegen vier Uhr nachts gab es zwei dumpfe Schläge, dann schrie einer: »Auf den Boden! Polizei!« Zehn vermummte Männer trampelten durch die Vier-Zimmer-Wohnung. Der Vater wurde auf den Boden gedrückt, die Hände hinter dem Rücken, die Mutter musste an der Wand stehen, die Beine gespreizt. Die Schwester schrie. Elin sah zu wie gelähmt, sie saß auf ihrem Bett und wusste: Er hat etwas Schlimmes getan. Der Bruder hob gleich seine Hände, er wusste, dass sie ihn suchen. Er wusste, dass alles vorbei war.

Kurz nach Sonnenuntergang war er mit den beiden Kumpels aus dem U-Bahnhof Kottbusser Tor gekommen, einer der vielen Junkies stand vor ihnen. Er fragte nach einer Zigarette. Sie hatten keine. Der Junkie, erzählte der Bruder, pöbelte, er fasste den Bruder an, schubste ihn. Am Ende dieser Rangelei, von der er fast nichts mehr weiß, hatte er das Butterfly-Messer seines Kumpels in der Hand, die Klinge steckte in der rechten Seite des Junkies, knapp oberhalb der Leber. Der Mann verblutete auf dem Weg ins Krankenhaus. »Er hat nie etwas gemacht«, sagt Elin, »es waren seine Freunde, die ihn dazu gebracht haben, es war ein Unfall!« Der Bruder war ein Mörder wider Willen. Aber er war ein Mörder. Der Vater hatte am nächsten Morgen graue Haare, er war über Nacht ergraut, nach diesem Schock, nach diesem verletzten Stolz über den Sohn, der es gegen alle Vorzeichen schon zu etwas gebracht hatte, der nie auf der Straße Unsinn machte. Die Mutter redet seit dieser Nacht noch weniger als zuvor.

Das Jugendgericht fällte ein mildes Urteil. Totschlag. Der Bruder wird noch in diesem Jahr aus der Haft entlassen. Dann ist es endlich vorbei mit den quälenden Besuchen, wenn der Bruder immerzu sagt, es tue ihm leid und Elin nur sagt, es sei schon okay. Nichts ist okay, der Erfolg des Bruders war auch ihr Erfolg. Sie hatte ihn angetrieben, sie hatte ihn zuhause gehalten. Seine Schande war auch ihre, sagt Elin. Der Bruder hat im Gefängnis weitergelernt. Er weiß, wie viel er gutzumachen hat. Ein Mensch ist gestorben. Und eine Familie auch. Wenn er wieder in Freiheit ist, kann der Bruder nächstes Jahr sein Abitur machen, er hat schon in der Haft Klausuren geschrieben. Er wird ein gutes Abitur machen. Die Haare des Vaters werden nie wieder schwarz, aber vielleicht, sagt Elin, geht es trotzdem weiter. Der Bruder wird studieren. Er wird nie wieder jemanden umbringen. Er wird damit leben müssen. Sie auch.

Wenn Elin vom Leben ihrer Familie erzählt, kann man meinen, sie hätte gar kein eigenes. Es geht nie um sie. Immer um die anderen.

Wenn ihr Bruder wieder angekommen und zur Ruhe gekommen ist, sagt Elin, will sie eigene Kinder. »Aus mir wird nichts Besonderes mehr«, sagt sie, »nur hier am Flughafen vielleicht. Ich will anderen mehr schenken, als ich geschenkt bekommen habe.« Einen Mann hat sie schon. Ein Türke, er arbeitete im türkischen Imbiss unten im Haus ihrer Eltern. Sie sahen sich jeden Tag. Dann gingen sie spazieren. Er fragte, ob sie ihn liebe, sie sagte: ja, denn irgendwas war da. Er fragte viel. Er interessierte sich für sie. Und er brauchte keine Hilfe. Am Anfang nicht. Doch seine Aufenthaltsgenehmigung war nur befristet, er musste zurück in die kleine Stadt im Norden der Türkei. Ein halbes Jahr verging. Elin vermisste ihn. Ihr Vater sprach mit seinem Vater. Im Sommer heirateten sie, die ganze Familie aus Berlin flog mit, der Bruder schickte eine Karte. Geheiratet wurde auf dem Hof der Familie des Mannes, Elin fand, es war ein merkwürdiges Fest. Die Männer standen auf der einen, die Frauen auf der anderen Seite, es war kein Fest, wie sie es in Berlin gefeiert hätte, aber so musste das sein. Ihre Schärpe war fast zwei Meter lang, es war ein schönes Kleid. Sie musste es dortlassen, seine Schwester wird es bald tragen. Nach der Hochzeit konnte der Mann wieder nach Deutschland. Doch ihm gefällt es nicht hier. Er hat wenig Arbeit und er spricht wenig Deutsch. »Er muss mehr machen«, sagt Elin, »aber er will am liebsten mit mir zurück in die Türkei.« Aber so läuft das nicht. Elin kennt niemanden in der Türkei und seine Schwester ist eine anstrengende Frau. Was soll sie dort? Sie will ihre Kinder hier großziehen, zuhause. Bis das erste der drei Kinder, die sie haben will, geboren wird, soll der Mann Deutsch sprechen. »Es soll doch mit meinen Kindern nicht wieder von vorne losgehen«, sagt Elin, »natürlich müssen die zuerst Deutsch sprechen.« Der Mann sieht das anders. Aber sie wird ihm das alles erklären, sie hat es im Griff. Sie hat einen neuen Fall, um den sie sich kümmern muss.

Über uns donnert eine Maschine der türkischen Fluglinie »Sun Express«. Elin schaut ihr nach. »Vielleicht«, sagt sie, »war es ein Fehler, dass er hierhergezogen ist, es ist schwer für ihn. Und in der Türkei ist es schwer für mich.« Elin ist eine große, starke Frau. Sie würde es nie sagen, aber sie weiß es: Sie hat sich geopfert. Für die Geschwister, die nun Abitur haben. Für die Eltern, die arbeiten konnten. Für den Mann, der hier leben kann, obwohl er es nicht will. »Manchmal ist es Pech«, sagt sie, »die Erstgeborene zu sein.«

»Es ist lustig«, sagt Elin, »dass ich hier am Flughafen arbeite, wo jeden Tag die türkischen Großfamilien in die Heimat fliegen. Sie reden mich immer gleich auf Türkisch an, aber ich antworte auf Deutsch. Sie sagen mir immer: Wir sind so froh, in die Türkei zu fliegen, würden Sie auch gerne mitkommen? Ich sage dann: Ich will hierbleiben.«

Murat und Elin arbeiten im Transitbereich. An einem Ort zwischen zwei Ländern, zwischen zwei Heimaten. Für Elin ist der Flughafen ein Ort, an dem sie bleiben will, am Rande eines Landes, in dem sie heimisch sein will. Für Murat ist der Flughafen ein Ort, von dem aus er wegfliegen will, am Rande eines Landes, von dem er nichts mehr erwartet.

Murat ist hier so nah an der Türkei, wie es ihm möglich ist. Elin ist hier so weit weg von der Türkei, wie es ihr möglich ist.

6.

Cems Odyssee

Cem ist der Junge, von dem Frau Schach noch immer träumt. Cem brachte es fertig, die erste Klasse nicht zu bestehen. Auf unserem ersten Klassenfoto sitzt er ganz vorne in der Mitte. Er ist größer als wir anderen. Er stützt seine Hände auf die weit auseinandergestreckten Beine. Cem war ein Kind, das sich bewegen musste. Frau Schach sagt, sie hätte Cem nicht erreichen können. Er habe nicht zugehört, er habe nichts gesagt, er habe nicht am Unterricht teilgenommen, er habe nur darauf gewartet, etwas kaputt oder andere Kinder lächerlich zu machen. »Cem war der Schüler, vor dem wir im Studium gewarnt wurden«, sagt Frau Schach, »es wäre ein Full-Time-Job gewesen, ihn alleine zu betreuen. Es machte damals gar keinen Sinn, ihn in die Schule zu schicken. Er brauchte einen Therapeuten. Die Eltern kamen einmal zu einem Gespräch. Der Vater fragte mich, ob ich seinen Sohn beleidigen wolle. Die Mutter wirkte apathisch. Ich wüsste gerne, wie es Cem ergangen ist.«

Um das herauszufinden, fahre ich in eine Neubausiedlung an der letzten Autobahnausfahrt vor der Brandenburger Einöde. Es ist ein Ort, an den man zieht, wenn man alleine sein will. Alte Männer waschen ihre Autos, alte Frauen ziehen Einkaufstaschen hinter sich her, keine Kinderstimmen, keine Graffitis, keine Läden, nichts. Cem lebt im Rentnerparadies. Neben seinem Nachnamen steht der Name »Müller«. Eine Frauenstimme, also wohl die Müller-Stimme, klingt durch die Sprechanlage: »Ist offen!« An der Wohnungstür empfängt mich eine blonde Frau in einem Jogginganzug. Cem sei nicht da, sagt sie. »Was wollen Sie denn von ihm?« »Ich habe mit ihm zusammen die Grundschule besucht, ich wollte mal wieder Hallo sagen.« »Oh Mann«, die Frau namens Müller lacht, »mit Schule hat es Cem nicht so. Ob der Sie sehen will, weiß ich nicht.« Ich lasse meine Telefonnummer da und einen Zettel: »Cem, wir waren in der ersten Klasse bei Frau Schach, weißt du noch?« Ich höre, wie hinter der verschlossenen Tür von »Özbek/Müller« eine tiefe Stimme fragt: »Was war denn das für ein Vogel?« »Einer aus deiner Grundschule«, antwortet die Müller-Stimme. »Aus welcher Grundschule denn«, schreit die Stimme.

Am nächsten Tag ruft Cem an. »Wer bist du denn?« Ich erzähle ihm von der Blücher-Grundschule. »Also ganz ehrlich«, sagt Cem, »ich habe keine Ahnung, wer du bist. Aber Frau Schach, der Name sagt mir was. Wir können uns gerne treffen. Aber nicht bei mir. In der Stadt. Lass uns ordentlich trinken gehen. Vielleicht hilft das meiner Erinnerung.« Ich frage ihn, woran ich ihn in der Kneipe erkenne. »Ganz einfach«, sagt Cem, »ich bin der geilste Typ da drin.«

Cem steht dann vor der Kneipe, die eigentlich ein dunkles Loch ist, das niemals schließt, eine 24-Stunden-Spelunke namens »Rapunzel«, in deren Innern eine humpelnde Alte zwischen Bar und Spielautomaten pendelt und auf dem Weg widerwillig Bestellungen entgegennimmt. Ich war ein paarmal in dieser Kneipe, wenn sonst keine mehr geöffnet war, sie liegt in der Nähe unserer Grundschule.

»Man muss da trinken, wo die Asozialen trinken«, sagt Cem, »da ist es billig und ehrlich. Aber wir haben ein Problem: Ulla hat ihren Laden heute geschlossen. Zum ersten Mal überhaupt, schätze ich.« An der rostigen Tür hängt ein Zettel, in zittrigen Großbuchstaben steht da: »WEGEN TRAUERFEIER EIN PAAR TAGE ZU!!!« »Hat sich einer zu Tode gesoffen«, sagt Cem, »so was passiert. No risk, no fun, wie der Franzacke sagt.«

Cem fragt, wo wir jetzt hinsollen, er kenne nur das »Rapunzel« hier in der Gegend, es sei ja nicht mehr seine Gegend. »Hier leben doch nur noch Familien mit dicken deutschen Kindern«, sagt Cem, der ein muskulöser, stoppelköpfiger, jungenhafter Mann ist. Ich mag seine Art gleich. Wir kennen uns nicht. Wir haben nur Vorurteile und Durst. Es verspricht, ein guter Abend zu werden.

Ich schlage ein Café um die Ecke vor, es ist eines dieser Cafés für Deutsche mit Macbook. Zitronentarte in der Vitrine, Blümchen auf der Tapete. »Mann, mann, mann«, sagt Cem und zündet sich eine Zigarette an. »Ich rauche nicht«, sagt er, »nur in der Stadt!« Die zierliche Bedienung kommt zu unserem Tisch und flüstert: »Entschuldigung, aber hier darf man erst ab 22 Uhr rauchen.« »Aha«, sagt Cem, »wie viel Uhr ist es?« »Halb zehn«, sagt die Bedienung. »Und du willst mir jetzt wegen der einer halben Stunde Stress machen«, fragt Cem. »Äh, nein, nein«, flüstert die Bedienung und dreht sich hilfesuchend zu ihrem Kollegen an der Bar um. »Natürlich willst du mir deswegen Stress machen«, flötet Cem, »das musst du doch machen. Das ist dein Job. Du kannst nichts für die Bestimmungen!« Er drückt seine Zigarette auf dem Fußboden aus. Die Bedienung lächelt nervös. »Was wollt ihr trinken?« »Viel Bier«, sagt Cem, »und dann Schnaps!« »Also erst mal ein Bier für jeden?«, fragt die Bedienung. »Ganz genau«, sagt Cem und schaut auf die Getränkekarte, »drei Euro fünfzig? Boah, was für ein Yuppie-Bier!« Die Bedienung flüchtet zur Theke.

»Geile Olle«, sagt Cem, »aber sie hat Schiss!«

Alle Gäste schauen mittlerweile zu uns. Wir fallen auf. Cem fällt auf. Er redet laut. Er redet mit einem noch stärkeren Akzent als Ahmed, einem kantigen Berlinerischtürkischdeutsch, und er trägt ziemlich genau das Outfit, das schon Ahmed trug, als ich ihn im Park traf. Leute wie Cem kommen eigentlich nicht in dieses Café, und wenn, dann nur, um Getränkekisten zu liefern. »Tja, Scheiße«, sagt Cem, »ich bin zwar nur ein halber Türke, aber ich sehe aus wie ein Vollbluttürke. Prost!«

Die Geschichte von Cems Eltern ähnelt der von Julians Eltern, nur, dass der Vater aus der Türkei stammt, nicht aus dem Iran. Getrennt haben sich die Eltern aber auch sehr bald. »Ging nicht mehr«, sagt Cem, »kann meinen Alten verstehen, meine Mutter ist schwierig.« Cem ging gerade zum zweiten Mal in eine erste Klasse der Blücher-Grundschule, als er mit seiner Mutter aus der großen Wohnung in eine kleine Wohnung zog. »Ein Zimmer«, sagt Cem, »mehr war nicht drin, sie hatte nicht nur den Mann verloren, auch den Job.« Cem war acht, da wurde die Mutter wieder schwanger, den »Erzeuger«, sagt er, habe er nie kennen gelernt. »Den kannte wahrscheinlich nicht mal meine Alte richtig.« Sie zogen in eine Zwei-Zimmer-Wohnung. Cems Vater zahlte keinen Unterhalt, »der hat sich rumgetrieben«, sagt Cem, »ein Anatole im wilden Berlin, der wollte auch mal ein bisschen frei sein, kann ich verstehen.«

Obwohl wir ihn nur ein Schuljahr erlebt haben, erinnern Frau Schach und ich uns an Cem. Cem dagegen weiß so gut wie nichts mehr aus der Grundschulzeit. »Diese Zeit«, sagt er, »ist in meinem Kopf ein einziges Chaos. Ich war wütend. Immer diese Wut!« Er schaffte die erste Klasse im zweiten Anlauf nur mühsam, er kam auf eine andere Schule, »ich glaube, weil meine Mutter den Rektor angebrüllt hat oder weil ich mich mal wieder gekloppt habe.« Cem hängt nur auf dem Spielplatz herum, auf dem die Älteren Zigaretten rauchen. »Mit zwölf habe ich angefangen zu trinken«, sagt er, als wir vor dem dritten Bier sitzen. »Mein Leben müsste man verfilmen«, sagt er, »du wirst das nicht verstehen, du kennst so was nicht, aber ich habe nur Hass erlebt als Kind.« Cem antwortete auf den Hass mit: Hass. Er schrie die Mutter an, er schrie die Lehrer an, er kam durch die Grundschule, aber wohl nur, weil die Lehrer ihn endlich loswerden wollten. Zur Hauptschule geht er nur manchmal, einmal holt ihn die Polizei in der Computerspielabteilung von Karstadt ab, wo er die Vormittage verzockt. »Dann ging es erst richtig los«, sagt Cem. Er klaut CDs bei Karstadt, Bier im Supermarkt, er »zieht ein paar Leute« ab, wie er sagt, bedroht sie, nimmt ihre Jacken, ihre Handys, ihre Schuhe mit. »Ich war ein echter Härtefall«, sagt Cem, »und meine Mutter trank mehr als ich, die hatte auch Angst vor mir! Mein kleiner Bruder kam zu meiner Tante, weil sie ihm nichts mehr kochen konnte.«

Cem ist vierzehn, als das Jugendamt ihn nach Andalusien schickt. Dort arbeitet das Jugendamt mit deutschen Pflegefamilien zusammen. Cem mag das Meer, das Haus der Pflegefamilie liegt direkt am Strand. Aber er geht auch in Spanien nicht zur Schule. Den Pflegevater nennt er eine »Homo-Sau«. Er darf trotzdem in der Sonne bleiben, kommt aber in eine neue Pflegefamilie. »Ein Hippie-Pärchen«, sagt Cem, aus Heidelberg. »Bis zu diesem Zeitpunkt habe ich nur Alkohol getrunken, Mixgetränke, Bier, leichtes Zeug.« Der neue Pflegevater findet, Alkohol sei nichts für Cem. Er zeigt ihm dafür die großen Hanfpflanzen auf der Dachterrasse. Cem beginnt zu kiffen. Der Pflegevater hat genug zu rauchen, Cem bekommt jeden Tag eine Ration. »Ich war drei Monate nur breit, dann bin ich abgehauen, ich hatte Heimweh nach den Jungs in Berlin, nach der Stadt!« In Malaga lässt ihn der LKW-Fahrer raus, Cem ruft seinen Vater an, den er seit fünf Jahren nicht gesprochen hat. Das Jugendamt zahlt den Flug zurück. Cem wird verpflichtet, in Berlin wieder zur Schule zu gehen. Zur Mutter will er nicht mehr. Er zieht zum Vater, wieder in eine Ein-Zimmer-Wohnung. »Zwei Männer mit schlechten Gedanken auf engstem Raum«, sagt Cem, »das ging nicht gut.«

Natürlich geht er nicht zur Schule, natürlich trifft er die Jungs auf der Straße, natürlich kifft er, natürlich probiert er jetzt auch mal die härteren Sachen. Seinen achtzehnten Geburtstag feiert Cem in einem Kreuzberger Club. Er trinkt zehn Wodka Lemon, Bier, raucht was, wirft eine Pille ein. Der Abend hat in seinem Kopf nie stattgefunden. Seine Erinnerung setzt erst dann ein, als dieser Junge, ein Pole, blutüberströmt auf dem Bordstein liegt. Der Pole hatte Cem einen »Scheißtürken« genannt, Cem rammte ihm sein Knie ins Gesicht, schlug auf ihn ein, trat auf ihn ein, als der Junge bereits am Boden lag. »Überreaktion«, sagt Cem. Er hat Glück, der Junge auch. Nach zwei Wochen im Koma wacht der Pole auf. Und Cem bekommt eine allerletzte Chance. »Mein Anwalt hat gesagt, ich solle weinen vor Gericht, das war ein alter, netter Jugendrichter«, sagt Cem, er muss in einem Tierheim arbeiten, fast ein ganzes Jahr lang, »aber sie haben mich nicht hart rangenommen, ich wurde immer verschont, obwohl ich niemanden verschont habe. Ich hätte auch mal aufs Maul bekommen sollen.« Ich sage Cem, dass er doch schon oft genug aufs Maul bekommen habe vorher, im übertragenen Sinne. »Ich habe aber immer härter zurückgeschlagen«, sagt er.

Der Vater, zu diesem Zeitpunkt schon fast zwanzig Jahre arbeitslos, wacht nach Cems brutaler Tat ebenfalls aus seinem komatösen Leben auf. Er sagt Cem, dass es so nicht weitergehe. Die Mutter trinkt nur. Cem bekommt einen Praktikumsplatz in einer Druckerei, er macht sich gut, der Chef mag seine offene Art und ist streng mit Cem. Er wird übernommen, er hat nie einen Schulabschluss gemacht, kann nur holpernd lesen und schreibt nie etwas, aber mit den Druckpressen kennt er sich aus. Im Büro des Chefs lernt er Tanja kennen, seine jetzige Freundin, Frau Müller. »Die deutscheste Deutsche«, sagt Cem, »Sekretärin, Engel, Familienmensch«. Er zieht zu Tanja an den Stadtrand. »Ich wollte die Stadt vor mir schützen und mich vor der Stadt«, sagt Cem, »da draußen komme ich nicht in Versuchung. Keine Drogen, die ich nehmen kann, keine Leute, die ich zusammenschlagen kann.«

Nur einmal war er in den letzten zehn Jahren in einer Disco. Mit Tanja. Er trank nur Wasser. Als er die Disco verließ, stand da eine Gruppe Deutscher. »He, Scheißtürke, was willst du?«, riefen sie. Cem ging einfach weiter. Einer schubste ihn. Er ging weiter. Einer trat ihn in den Hintern. Er ging weiter. Einer verpasste ihm eine Kopfnuss. Er ging weiter. »Nur für Tanja«, sagt Cem. »Tanja will bald Kinder«, sagt Cem, »aber ich brauche erst wieder einen Job.« Die Druckerei musste Stellen abbauen, Cems Stelle war die erste, die gestrichen wurde. Jetzt sitzt er jeden Tag zuhause und guckt Zoo-Dokumentarfilme. »Das entspannt mich«, sagt Cem, »aber wo soll ich je wieder Arbeit finden, wer will einen Ungelernten mit fettem Strafregister?« Tanja finanziert das meiste in ihrem Leben, den Urlaub an der Ostsee, den großen Fernseher, die gute Nudelsorte. »Sie weiß, dass es immer noch besser ist, wenn ich zuhause sitze, als wenn ich in die Stadt gehe.«

»Wie oft gehst du denn in die Stadt?«, frage ich.

»Eigentlich nie«, sagt Cem, »nie abends, nur tagsüber, um meine Mutter und meinen Bruder zu besuchen. Heute ist das erste Mal seit einem Jahr, dass ich im Dunkeln in der Stadt bin. Ich habe auch schon lange nicht mehr so viel getrunken.«

Wir trinken unser siebtes Bier. Wir lallen. Die Deutschen glotzen. »Schau dir die Kartoffeln an«, sagt Cem, »so eine Angst haben die! Pass mal auf!« Er steht auf, stellt sich in die Mitte des Raumes, schreit: »Ey, hört mal zu jetzt!« Die Musik läuft weiter, die Gespräche auch. »Cem, bitte, setz dich«, sage ich, der ihn in die Stadt gelockt hat, im Dunkeln. Der ihm sieben Bier bezahlt hat.

Cem hört mich nicht. Er schreit: »Kartoffeln! Ruhe!« Es ist jetzt still, nur die Lounge-Musik dudelt im Hintergrund weiter. Ich sehe es schon vor mir: wie Cem den langen Typen mit den Dreadlocks provoziert, wie er ihn beschimpft, wie der Typ sich wehrt, wie Cem ihm ein Bier über den Kopf kippt und ihm eine Kopfnuss verpasst. Aber Cem schnippt nur mit den Fingern und fängt an: »Ihr guckt mich schief an – Mann – weil ich nicht so viel kann – Bamm – weil ich nicht so bin wie ihr, weil ich Temperament hab wie ein wildes Tier. Ihr wollt mich loswerden, wir leben auf zwei verschiedenen Erden. Ihr wollt, dass ich leise bin, ihr versteht nicht den tieferen Sinn. Doch ich werde mich durchkämpfen und euch die Stirn zeigen, ich hab auch einen Rest Verstand, ich überlebe in diesem beschissenen Land!«

Die zierliche Bedienung ist die Erste, die applaudiert, bald applaudieren alle. »Wollt ihr noch ein Bier?«, fragt die zierliche Bedienung. »Nein, jetzt wollen wir Schnaps«, ruft Cem.

»Ich habe dir noch gar nicht gesagt, dass ich Rapper bin«, sagt Cem. Er rappt, seitdem er denken kann, sagt er. Nicht richtig gut, aber richtig viel. Er ist dabei, mit seiner Crew, die sich »Wutbefall« nennt, ein Album fertig zu machen. »Die anderen drei sind deutsch«, sagt Cem, »die haben Familie und einen Vorgarten, wir sind nur in unseren Texten krass.« Wutbefall rappen von Gewalt, Sex und, wie könnte es anders sein, von der Wut, die sich angestaut hat. Wenn sie in Jugendhäusern auftreten, tragen sie schwarze T-Shirts, auf denen fett »W.U.T.« steht, aber sie sind liebe Jungs. »Ich kann im Studio ausleben, was ich sonst nicht mehr ausleben kann«, brüllt Cem. Wir sind jetzt sehr betrunken. Wir brüllen an gegen den Lärm der Nacht. »Oh Mann«, sagt Cem, »du hast mich betrunken gemacht, wo soll das enden.« Vielleicht sollte Cem in ein Taxi steigen, das ihn an den Stadtrand fährt, denke ich. Unbedingt sollte er in ein Taxi steigen.

Er hat andere Pläne. »Wir suchen jetzt meinen kleinen Bruder«, sagt er. »Ich muss auf ihn aufpassen!« Wir wanken aus der Kneipe. Cem ruft seinen Bruder an, aber der ist nicht erreichbar. »Ab nach Neukölln«, schreit Cem, »Ghetto, wir kommen!«

Der kleine Bruder lebt mit der Mutter in einer Sozialbausiedlung in dem Teil von Neukölln, von dem Polizisten sagen, sie würden sich dort nicht mehr blicken lassen. Die U-Bahnstation dort wird von arabischen Dealern kontrolliert und von Junkies bevölkert, die sich gerne am Bahnsteig ihren Schuss setzen. Der kleine Bruder ist 18. Die Realschule hat er abgebrochen und Cem glaubt, er habe gerade angefangen, Haschisch zu verkaufen. »Die fangen erst mal klein an, damit verdient man aber auch okay. Der kauft sich ständig neue Klamotten und hat jetzt einen riesigen Flatscreen-Fernseher. Er sieht auf der Straße die Vorbilder: junge Typen ohne Schulabschluss, die dicke BMWs fahren. Ich frage ihn, ob er Arbeit hat, er sagt, nein, er hänge nur draußen rum. Klare Sache, der wird ein Dealer. So eine Scheiße!«

Die Mutter kriegt natürlich nichts mit, sie braucht ihre Flasche Weinbrand am Tag, dann stellt sie keine Fragen. Sie stellt auch ihrem neuen Freund keine Fragen. Der ist ein Jahr jünger als Cem, ein Palästinenser. Er wohnt in einem Asylbewerberheim, schläft aber meistens im Bett der Mutter. »So ein fauler Wichser«, sagt Cem, »ich war schon oft kurz davor, ihm eine zu verpassen.« Die Mutter hat Cem kürzlich mitgeteilt, dass sie den neuen Freund bald heiraten wolle. Da hat Cem ihr gesagt, dass sie endlich verstehen solle, dass der Freund nur auf der Suche nach einer Aufenthaltsgenehmigung ist. »Was will der sonst von dir?«, hat er die Mutter gefragt. »Der liebt mich«, hat sie geantwortet. »Sie glaubt das wirklich«, hat Cem gesagt, »sie sieht sich schon selbst unscharf, wenn sie in den Spiegel schaut. Sie sieht die Realität nicht mehr. Auf dem Standesamt werden die einen Lachkrampf bekommen, wenn meine Alte mit dem jungen Palästinenser kommt, den sie kaum kennt, und sagt, dass sie ihn heiraten will!« Die Mutter sagt, deutsche Männer seien ihr zu kompliziert. »Deutsche Männer brauchen keine Aufenthaltsgenehmigung. Deswegen lernt sie die nicht so schnell kennen«, sagt Cem.

An einem schlecht beleuchteten U-Bahnhof steigen wir aus. Ein schlaksiger, kahl rasierter, blonder Junge sitzt inmitten arabischer Jungs. Er trägt ein Basketballtrikot und schlabbernde Jeans. »Das ist Hamit«, sagt Cem, »er sieht aus wie ein Deutscher, ich sehe aus wie ein Türke, er ist in seinem Herzen ein Türke, ich ein Deutscher.«

»Komm her, Hamit«, lallt Cem. »Was machst du hier?«, fragt sein Halbbruder, der deutsch aussieht und einen türkischen Akzent hat. Er schaut mich an, »Wer ist das?« »Spielt keine Rolle«, schreit Cem, »komm, wir gehen nach Hause jetzt!« »Ich hab zu tun«, sagt der Junge. »Du dealst«, schreit Cem. »Spinnst du, schrei hier nicht rum, du bist besoffen«, antwortet sein Bruder. Die arabischen Jungs kommen jetzt auf uns zu, »Gibt's Probleme?«, fragt einer. »Gleich gibt's hier Probleme, Habibi«, schreit Cem. Er packt seinen Bruder am Genick und flüstert leise, aber deutlich: »Wir treffen uns morgen zuhause und ich schwöre dir, dass wir ein paar neue Regeln aufstellen werden!«

»Lass ihn los«, sagt der Araber. »Sonst was?«, fragt Cem. Auf der digitalen Anzeigetafel steht, dass die U-Bahn ans andere Ende der Stadt auf dem anderen Gleis in einer Minute abfährt. »Cem«, sage ich, »ich glaube, wir sollten nach Hause fahren«. Cem starrt den Araber aus kleinen Augen an. Er wendet seinen Blick nicht ab. »Vielleicht hast du Recht. Ich weiß ja, was hier gleich passiert. Ich habe keinen Bock mehr auf die Scheiße.«

Wir steigen in die U-Bahn. Cem dreht sich noch einmal zu der Gruppe um seinen Bruder. »Heute habt ihr Glück gehabt!« Er fällt in den Sitz und zwei Stationen später ist er eingeschlafen. Er hat noch eine weite Fahrt vor sich. Ich steige aus und lasse den schlafenden Cem weiter bis zu Endstation schaukeln. Er wird dort sicher sein. Er hat seiner Freundin vorhin eine SMS geschrieben. Sie wartet auf ihn. Sie hat sich Sorgen gemacht. Er war zu lange in der Stadt. Er hat hier nichts verloren, nur den Kampf um seinen kleinen Bruder. Cem konnte sich früher nicht um ihn kümmern, weil er mit sich selbst beschäftigt war. Elin dagegen hat ihren kleinen Bruder fast bis zum Abitur gebracht. Dann passierte etwas Schlimmes.

Cem hatte seinen Bruder letztes Jahr fast schon davon überzeugt, zu ihm ins Rentnerparadies zu ziehen. Der Bruder wollte nicht, es war ihm zu ruhig dort draußen. Noch ist ihm nichts passiert.

Wenn der kleine Bruder Glück hat, wird ihm nicht so viel passieren wie Cem.

7.

Von Vätern und anderen Fehlern

Ich hätte es wissen können. Der Fahrstuhl sah nicht so aus, als sollte man ihn benutzen. Die Innenwände beschmiert, der Boden rostig, die Knöpfe angekokelt. Aber Aylin wohnt im vierzehnten Stock. Die Tür des Fahrstuhls schloss sich quietschend, die Kabine rumpelte nach oben, es gab einen lauten Schlag – dann passierte nichts mehr.

Ich bin gefangen in einem kleinen Fahrstuhl in einem großen Neubau, der nicht mehr neu ist, in einer verödeten Gegend in der Nähe des einstigen Todesstreifens an der Berliner Mauer. Ich drücke den Notfallknopf, aber der scheint nur eine Attrappe zu sein. Nach einer Weile höre ich eine Männerstimme.

»Hallo?«
    »Ja, ich bin hier drinnen, es geht nicht weiter!«
    »Natürlich geht dit nicht weiter!«
    »Was soll ich machen?«
    »Du sollst die Treppe nehmen!«
    »Sehr lustig, was soll ich denn jetzt machen, verdammt, auf den Notfallknopf reagiert niemand.«

Der Mann kichert.

»Wat denkst du denn? Dass dieses Haus mit dem BND verkabelt ist? Warte noch zehn Minuten, dann ruft Frau Merkel zurück.«

»Okay, was schlagen Sie denn vor?«

»Ick schlage vor, du benutzt jetzt mal deine Arme, nicht deinen Kopf.«

Ich höre ein Ächzen. In den Spalt der Aufzugtür schieben sich dünne, faltige Finger. Der Mann ächzt lauter. Dann schieben sich die zwei Flügel der Aufzugstür langsam auseinander. Durch den Spalt schaut mich von unten ein schmächtiger Mann mit einer Trinkernase an.

»Na, los, oder willst du dich wie ein kleines Mädchen von nem alten Mann retten lassen? Hilf mit!«

Gemeinsam schieben wir die Tür auseinander, ich klettere den halben Meter hinunter. Der Mann, vielleicht siebzig Jahre alt, graue Haare, graues Cordsakko, stellt sich als »Herr Yildiz, der erste Mieter dieses Hauses« vor.

»Der erste Mieter?«

»Ick war der Erste, der hier reingezogen ist. Was Moderneres finden sie nicht, haben die gesagt. Dit ist was für die Ewigkeit, haben die gesagt. Das haben wir extra für euch Gastarbeiter gebaut, haben die gesagt. Ick hatte ja keine Ahnung damals, ick hatte zuhause aufm Dorf gewohnt, innen Bergen über Antalya. 1970 war dieses Haus ein Knüller. Da fuhr dit Ding auch noch!«

»Warum hängt denn hier kein Schild, dass der Aufzug gefährlich ist?«

»Ach, gefährlich sind in diesem Haus die Leute, nicht der Aufzug, mein Junge. Man braucht Glück. Manchmal fährt er. Manchmal nicht. Eigentlich fährt er nur ganz selten hoch. Aber ich probiere es jeden Tag. Es ist wie mit den Bewohnern. Nach oben kommen sie schwer, nur abstürzen können sie gut, immer tiefer und tiefer und tiefer.«

Der erste Mieter ist offenbar auch der Philosoph des Hauses. Er setzt nun in Zeitlupe sein rechtes Bein auf die erste Stufe, dann das linke auf die nächste.

»Wie hoch müssen Sie?«, frage ich.
    »In den zehnten. Also überhol mich. Ich bin erst zum Abendessen zuhause.«

Aylin weiß nicht, dass ich sie besuche. Ich habe ihre Adresse. Mehr nicht. Ein junger Mann mit einer Baseballmütze auf dem Kopf öffnet die Tür. Im Hintergrund streiten zwei Frauen auf Türkisch und ein Kind schreit ein Kinderschreien, das auch Deutsch sein könnte. Der Mann sagt nichts, er guckt nur fragend. Ich sage ihm, dass ich nach Aylin suche. Er lehnt die Tür an. Die Frauen schreien sich weiter an. Dann schreit nur noch das Kind. Es vergehen zehn Minuten. Der Mann kommt erneut zur Tür. »Sie muss noch ins Bad«, sagt er und verschwindet. Ich höre eine der beiden Frauenstimmen, die tiefere, weiterschimpfen, jetzt dumpfer, durch eine Tür wahrscheinlich. Ich höre das Klappern und Klimpern von Schminkwerkzeug, eine Klospülung. Dann, nach zwanzig Minuten, steht eine sehr dicke Frau vor mir.

Auf dem Foto, das ich von uns besitze, war Aylin ein kleines, süßes Mädchen in einem Ballerinakleidchen. Ein kleines, süßes Mädchen mit einem strengen Vater. Einmal machten wir einen

Klassenausflug, in der zweiten Klasse muss das gewesen sein. Auf der Straße begegneten wir Aylins Vater. Bis heute kann ich schwören: Ich habe Aylin in meinem Leben kein einziges Mal geärgert. Ahmed war fürs Ärgern zuständig. Ich fürs Trösten. Ich hatte bis zu diesem Ausflug überhaupt keine Geschichte mit Aylin, sie war ein kleines, süßes Mädchen in einem Ballerinakleidchen, ich ein kleiner, blasser Junge in einem Nicki-Pullover. Der Vater aber nahm mich zur Seite, als Frau Schach schon wieder voranging. Er packte mich am Arm und sagte: »Patrick, du frecher Junge, wenn du noch einmal meine Tochter ärgerst oder doof anguckst, dann komme ich wieder vorbei und schneide dir deine Ohren ab.« Dann ging er. Er erinnerte mich an Ahmeds Vater, aber er wirkte weniger lustig. Aylin grinste mich an und hüpfte davon in ihrem Ballerinakleidchen, das sie an diesem Tag wahrscheinlich gar nicht trug. Ich habe niemandem von diesem Erlebnis erzählt, es war eines dieser Erlebnisse, das mir schon als Kind so absurd, ungerecht und kompliziert erschien, dass es zu aufwändig gewesen wäre, es meinen Eltern zu berichten. Ich mied danach den Kontakt zu Aylin, den ich nie gehabt hatte. Und ich war ein bisschen stolz. Wenn sie sich bei ihrem Vater über mich beschwert hatte, ohne dass es Anlass dafür gegeben hatte, dann musste sie mich ja wohl sehr interessant finden, dachte ich, diese kleine, süße Aylin in ihrem Ballerinakleidchen.

Die kleine, süße Aylin ist jetzt eine kleine, runde, raue Aylin. Ihr Gesicht ist bis zur Konturlosigkeit geschminkt, an ihrem Hals verläuft eine lange, frische Narbe. Aylins Stimme ist tiefer als meine: »Patrick? Aus der Grundschule? Was geht ab?« Aylin wankt. Sie hält sich am Türrahmen fest. »Ich fasse es nicht«, stammelt sie, dann weint sie ein leises Weinen. Die Tränen hinterlassen tiefe Spuren in ihrem Make-up. »Entschuldigung«, brummt Aylin, »das ist so lange her, so viele Erinnerungen. Mir wurde gerade eine Schilddrüse entfernt. Das ist so ein Hirnfick, dass du plötzlich vor meiner Tür stehst. Du kannst mich doch nicht so überfallen.« »Eine schlimme Krankheit?«, frage ich. »Marlboro Light, zwei Schachteln am Tag«, brummt Aylin. Im Hintergrund schreit die andere Frau. Das Kind schreit zurück.

»Dein Kind?«, frage ich.
»Ja«, brummt Aylin, »ich würde dich reinbitten, aber ich wohne hier nicht alleine.«
»War das gerade der Vater deines Kindes?«, frage ich.
»Nein«, brummt Aylin.

»Wo wohnst du denn?«, fragt sie.
»Ich bin gerade nach Neukölln gezogen«, sage ich.
»Pfui, Neukölln«, sagt Aylin, »wie eklig.«

Wir stehen in diesem dunklen, nach Hausmüll und billigem Schnaps stinkenden Treppenhaus im Todesstreifen von Kreuzberg, in einem Haus, dessen Fahrstuhl eine gefährliche Lotterie ist, aber Aylin besitzt den gleichen gesunden, großen Kreuzberger Lokalpatriotismus, den ich schon an Murat und Fatih beobachten konnte. »In Neukölln wohnen viel zu viele Araber«, sagt Aylin, »viel zu viele Ausländer. Die machen Dreck.«

Während wir noch reden, schließt sie ganz langsam die Haustür. »Schreib mal meine Handynummer auf«, sagt Aylin, »ruf mich jederzeit an, dann treffen wir uns, ganz sicher, versprochen, aber jetzt ist es schlecht, ich muss mich erholen.« Als ich die Nummer notiert habe, fällt die Tür ins Schloss. Aylins tiefe Stimme schreit etwas. Die andere Frau schreit zurück. Dann schreit das Kind.

Ein paar Tage später rufe ich Aylin an. Sie geht nicht ans Telefon. Sie geht nie ans Telefon in den darauffolgenden Wochen. Ich kenne das bereits. Dann schreibt sie eine SMS: »Hallo Patrick. Ich habe eine neue Nummer ab morgen, weil mein Exfreund Terror macht. Ruf mich da an.« Ich rufe einige Male die neue Nummer an. Doch wieder: keine Reaktion. Es wird nichts mehr mit meinen Klassenkameraden, mir und dem Telefonieren.

Nur Sibel geht gleich ans Telefon. Auch Sibel wohnt in einem dieser Neubaukomplexe, die in den siebziger und achtziger Jahren über Berlin verstreut wurden. Das Haus, in dem sie lebt, ist wie eine Brücke über eine Straße gebaut. An jedem Balkon ist mindestens eine Satellitenschüssel angebracht. Satellitenschüsseln sind der Indikator dafür, wie viele Türken und Araber und Menschen aus sonstigen fernen Ländern in einem Haus leben. Sibel sitzt unten in der Bäckerei, in der es nach den trockenen, aber leckeren Keksen duftet, die sie Kurabiye nennen. »Ich habe nicht so viel Zeit«, begrüßt mich Sibel, »mein Sohn schläft und mein Mann passt auf, aber er muss bald zur Arbeit.« Ihr Handy klingelt. Sie spricht leise und auf Türkisch. »Es war mein Mann«, sagt sie, »er ist schon misstrauisch, ich treffe nicht so oft fremde Männer.« Sie nickt mit ihrem Kopf hoch zu dem Brückenhaus. »Da, im fünften Stock, bestimmt steht er am Fenster.« Im fünften Stock bewegt sich die Gardine. Eine Rüschengardine.

»Diese Bäckerei hat mal meinem Vater gehört«, sagt Sibel, »ich stand nach der Schule jeden Tag hinter der Theke.« Der Vater musste die Bäckerei aufgeben vor zwei Jahren. Er hatte nie gerne Pide und Kekse verkauft, eigentlich ist er Musiker, spielt in traditionellen kurdischen Gruppen. Er hatte gehofft, mit den Backwaren mehr Geld zu verdienen, aber er spielt besser Saz, als er Brot backt. Sibel blickt lange in den Raum. »Waren trotzdem gute Zeiten«, sagt sie.

Meine Mutter erzählte mir einmal nach einem Elternabend, dass Sibel einen sehr furchteinflößenden Vater habe, und fragte mich, ob Sibel sich manchmal merkwürdig verhalte. Nun, Sibel war ein Mädchen, das stärker war als die meisten Jungs. Es gab einige Klassenkonferenzen wegen ihr, sie wehrte sich, wenn die Jungs aus den höheren Klassen ihr verbieten wollten, mit ihnen Fußball zu spielen. Sibel boxte sich durch die Grundschule. Sie war eine Problemschülerin mit wenig Problemen im Unterricht. Trotzdem durfte sie nicht aufs Gymnasium, weil ihr Vater das nicht wollte. Das Leben, das seine Tochter führen sollte, war ein anderes als das Leben, das Sibel führen wollte. Womit ihr Vater nicht gerechnet hatte: dass Sibel sich nicht nur gegen die Jungs auf dem Pausenhof wehren konnte – sondern auch gegen ihn. Sie ging zwar, wie von ihm gewünscht, auf die Realschule. Aber wichtiger war ihr, was nach der Schule passierte. Sibel und ihre Clique kifften viel. Sehr viel. Die anderen aus der Clique trauten sich nicht, auch zuhause aus ihrer großen Glasbong, die einer aus Amsterdam mitgebracht hatte, zu rauchen. Sibel aber sagte: Kommt alle zu mir. Sie saßen in ihrem Zimmer, die kleinen Geschwister lugten durchs Schlüsselloch und der Vater brüllte im Wohnzimmer. Die Grasfahnen wehten durch die Wohnung. Am Wochenende sagte der Vater: Du darfst nicht weg. Aber Sibel ging auf jede Party und kam erst nach Sonnenaufgang wieder. Die Mutter bereitete das Frühstück zu, wenn Sibel in die Küche torkelte. »Mach deinem Vater keine Schande«, sagte die Mutter, aber sie lächelte dabei. Sie hatte eine starke Tochter. Sie war stolz.

»Mein Vater hat mir mal eine Ohrfeige gegeben«, erzählt Sibel, »aber er hatte genauso viel Angst vor mir wie ich vor ihm. Er hat mich verflucht, aber nach dieser Ohrfeige nie wieder angefasst und in Ruhe gelassen.« Bis Sibel es zu weit trieb. Sie lernte einen jungen Türken kennen, eigentlich ein netter Kerl, auch ein Alevit, wie Sibels Familie. Sibel war das einzige alevitische Kind in unserer Klasse, die anderen türkischstämmigen Klassenkameraden kamen aus sunnitischen Familien. Sibel ist bis heute eine stolze Alevitin und Kurdin, sie trägt noch immer ihre Halskette mit dem gebogenen Schwert, sie sagt noch heute ihren sunnitischen Freunden, dass sie Kopftücher bescheuert findet. Aber dieser junge Türke, den Sibel kennen lernte, kiffte noch mehr als sie und er war erst siebzehn Jahre alt – wie sie. Er hatte nur eine vorübergehende Aufenthaltsgenehmigung und lebte bei seinem Bruder. Sibel wollte ihn heiraten. Der Vater sagte: Wenn du das tust, wirst du deine Familie nie wiedersehen. Die Mutter schwieg. Und Sibel gehorchte zum ersten Mal. »Das war ein Fehler«, sagt sie, »das hat mich unglücklich gemacht.« Ihr Freund musste zurück in die Türkei, wie der von Elin. Drei Jahre sah Sibel ihn nicht. Drei Jahre sprach Sibel kein Wort mehr mit ihrem Vater. Dann sagte der: »Na los, er soll herkommen!« Es gab ein großes Fest in einer ehemaligen Supermarkthalle, die heute »Müzik Hall« heißt und in der fast jeden Tag große, türkische Hochzeiten gefeiert werden. Anders als Elin hatte Sibel ihren Mann davon überzeugt, dass sie nicht in der Türkei, sondern hier heiraten will. Und anders als Elins Mann wollte Sibels Mann gerne wieder nach Deutschland kommen. Er will auch hier bleiben. Aber auch Sibels Mann spricht kaum Deutsch. Der Sohn, zwei Jahre alt, spricht vor allem Türkisch, er versucht es jedenfalls.

»Ich habe einen guten Ehemann«, sagt Sibel, »es war ein schönes Fest, sogar mein Vater hatte seinen Frieden gemacht und trat mit seiner Band auf. Aber es ist anders als früher, als wir uns kennen lernten.« Die drei Jahre Trennung haben ihnen nicht gutgetan. Sie sind sich ein bisschen fremd geworden. Sibel ist in diesen Jahren weiter auf Partys gegangen. Dem Mann gefiel das nicht.

Sibels Mann arbeitet als Fliesenleger, sie als Bürogehilfin, noch ist sie in Mutterzeit. »Ich muss aber bald wieder mehr Geld verdienen«, sagt Sibel. Für die zwei Zimmer im hässlichen Brückenhaus zahlen Sibel und ihr Mann fast 700 Euro Miete. Fast alle Nachbarn bekommen ihre Miete vom Amt bezahlt. Sibel und ihr Mann arbeiten und sind damit eine Ausnahme. Sie leiden unter der Mietsteigerung. »Wir würden gerne umziehen«, sagt Sibel, »etwas Größeres, Billigeres, aber mit einem türkischen Namen haben wir keine Chance, wir kriegen nur Absagen.« Was Sibel nicht sagt: Natürlich würde sie irgendwo in Berlin etwas Bezahlbares finden, eine Wohnung, die nicht so begehrt ist, in einer Lage, die nicht so gefragt ist, von einem Vermieter, dem es egal ist, woher die Bewohner stammen. Aber auch Sibel ist eine überzeugte Kreuzbergerin. Durch und durch. Sie will bleiben, sie will nicht zu den Arabern nach Neukölln, sie will ihren Sohn in ihrer Heimat großziehen. Deswegen zahlt sie weiter zu viel Geld für eine zu kleine Wohnung. Wieder höre ich von einer meiner ehemaligen Mitschülerinnen, dass es in ihrer Heimat keinen Platz mehr für sie gibt. Murat und Fatih leben noch oder wieder zuhause, weil sie sich keine eigene Wohnung leisten können. Sibel muss ihren Kiezpatriotismus teuer bezahlen, sie leidet darunter, dass selbst einstige Sozialwohnungen im angesagten Bezirk nicht mehr vor der Maklergier sicher sind. Aktuelle Studien belegen, dass die sozial Schwachen aus Kreuzberg in die Randbezirke flüchten müssen. Der Vorsitzende einer Immobilienbesitzer-Organisation brachte es kürzlich auf den Punkt: »Diese Gesellschaft garantiert jedem ein Dach über dem Kopf, aber nicht unbedingt exakt an dem Ort, an dem er es wünscht.«

Mit ihrem Vater will Sibel endgültig nichts mehr zu tun haben, der Frieden war nur von kurzer Dauer. Er kommt manchmal vorbei. Er will seinen Enkel sehen. Sibel lässt ihn dann ins Wohnzimmer, sie lässt ihm zehn Minuten mit dem Kleinen, aber sie schaut ihn nicht mal an. »Er ist schuld«, sagt Sibel. Ihre Mutter starb vor einem Jahr an Lymphdrüsenkrebs. Und Sibel ist sich sicher, dass die Krankheit nur deshalb so schwer verlaufen ist, weil der Vater die Mutter so sehr verletzt hat. Die Mutter fand heraus, dass der Vater schon seit Jahren diverse Affären hatte. Mit deutschen Frauen. Er kommt viel rum als Musiker, es wird spät, er redet gerne, er raucht viel, trinkt viel, hat viel Zeit, es ist eine andere Welt als die Welt der Mutter. Der Vater leugnete nicht. Er schwieg grimmig, wie es seine Art ist. Und wie Sibel einst, tat die Mutter etwas, das er nicht erwartet hätte: Sie verließ ihn. Für Sibel und die Geschwister war das schwer. Sibel verstand die Mutter, wollte immer für sie da sein. Aber eine zerbrochene Familie? »So weit war ich sogar in meiner Kiffzeit nicht gegangen. Bei uns ist die Familie das Wichtigste, das Einzige, das Größte. Es ist anders als bei euch Deutschen. Eine Familie darf nicht kaputt gehen. Auf keinen Fall.«

Die Mutter schaffte es nicht mehr, aus der gemeinsamen Wohnung, in der Sibel aufgewachsen war, auszuziehen. Sie musste ins Krankenhaus. Es ging schnell vorbei. »Immerhin hat sie meinen Sohn noch kennen gelernt«, sagt Sibel, »aber jeden Tag fehlt sie mir. Sie verpasst so viel. Er ist noch da und wahrscheinlich hat er immer noch Frauen. Sie hat auf so viel verzichtet für ihn, sie hat alles für die Familie getan, aber er hat alles kaputt gemacht.«

Sibel sagt, sie sei immer froh gewesen, in Deutschland aufzuwachsen, wo sie auf der Straße die Freiheit fand, die ihr Vater ihr zuhause nicht gewähren wollte. Aber die Affären ihres Vaters seien die schlechte Seite der Integration. »Deutschland ist türkischer geworden in den letzten Jahrzehnten, aber die Türken sind auch deutscher geworden. Auch im schlechten Sinne. Jetzt gehen sie fremd.« Ich sage Sibel, dass türkische Männer wie ihr Vater doch bestimmt schon immer Affären hatten. Ist nicht das Neue, dass eine Ehefrau daraus Konsequenzen ziehen will? »Ach, keine Ahnung«, sagt Sibel, »ich weiß nur, dass immer mehr türkische Familien zerbrechen. In Deutschland. In der Türkei nicht. Ich kenne sogar eine türkische Mutter, die ihren Mann verlassen hat, weil sie gemerkt hat, dass sie lesbisch ist. Sie ist jetzt mit einer Frau zusammen. Stell dir das mal vor!«

Ich sage: »Ist das nicht toll? Dass sie den Mut hat, dazu zu stehen? Du hast doch auch immer für deine Freiheit kämpfen müssen.«

»Stimmt«, sagt Sibel, »aber guck mal, ich habe jetzt auch eine Familie, ich bin nicht mehr die Wilde. Ich bin eben leider die Tochter meines Vaters. Tief in meinem Herzen bin ich traditionell, die Familie kommt zuerst, dann erst die Freiheit des Einzelnen. Früher wollte ich alles anders machen. Heute will ich, dass alles bleibt, wie es ist. Das ist komisch, oder?«

Ich stehe einige Wochen später wieder vor dem Aufzug zu Aylin. Herr Yildiz fegt gerade den Eingangsbereich.

»Na, mein Junge, spielen wir heute wieder Aufzugslotterie?«
    »Was tippen Sie?«
    »Heute fährt er! Es ist ein guter Tag!«

Tatsächlich: Der Aufzug rumpelt mühsam in den achten Stock. Hinter Aylins Tür herrscht diesmal Stille. Der Mann mit der Baseballmütze macht wieder auf. »Wollen Sie schon wieder zu Aylin?

Sind Sie vom Amt oder was?« Er wartet meine Antwort nicht ab, sondern ruft nach Aylin und lehnt die Tür an. Aylin kommt ohne Umwege, sie ist ungeschminkt, ihre Haare sind strähnig, sie ist in einen Bademantel gehüllt.

»Patrick, wieso rufst du nicht an?«

»Ich habe ein paarmal angerufen.«

»Alter, du musst verstehen: Mein Ex, der Spast, der Vater meines Sohnes, der jagt mich. Aber ruf einfach in ein paar Tagen noch mal an, okay?«

Wieder schließt Aylin langsam die Tür, während sie das sagt.

»Aylin, können wir nicht jetzt reden?«

»Patrick, was willst du? Machst du ein Klassentreffen? Okay, ich komme, ruf mich dann einfach an, ja?«

»Wenn ich alle von damals gefunden habe, organisiere ich gerne ein Klassentreffen. Aber jetzt wollte ich dich fragen, wie es dir geht.«

Aylin atmet lange aus.

»Wie es mir geht? Lass mich mal überlegen. Mein Exfreund belästigt mich seit Wochen. Mit dem Typ in meiner Wohnung streite ich mich jeden Tag, obwohl er sein Maul kaum aufkriegt. Meine beste Freundin wird auch von ihrem Exfreund belästigt und pennt bei mir, obwohl es für mich und den Kleinen schon zu eng ist. Mein Sohn hat Durchfall. Der Fahrstuhl funktioniert nicht. Ich habe noch Schmerzen von der Operation und rauche schon wieder, obwohl der Arzt mir das verboten hat. Wie es mir geht? Großartig!«

Es ist wohl eine blöde Frage an dieser Stelle, aber eine andere fällt mir nicht ein: »Wie geht es deinem Vater?«

»Wie kommst du auf meinen Vater?«

»Er wollte mir mal die Ohren abschneiden. Weißt du noch?«

So etwas ähnliches wie ein Lächeln huscht über Aylins Gesicht.

»Ja, geil! Beim Ausflug war das! Ich hatte mich über euch Jungs beschwert, weil ich alle Jungs immer so frech und laut fand. Ich hatte vorher nie mit Jungs zu tun, war immer nur mit meinen Schwestern zuhause gewesen. Und dann kam mein Vater zufällig vorbei und hat mich gefragt, welcher Junge am schlimmsten ist, und ich habe auf dich gezeigt, weil du der Einzige warst, vor dem ich keine Angst hatte. Ich musste mich nicht vor deiner Rache fürchten. Tut mir leid. Du warst so klein und süß. Hattest du Angst vor meinem Vater?«

»Ich glaube schon!«

»Dann hatten wir was gemeinsam. Ich habe bis heute Angst vor meinem Vater und heute würde er bestimmt mir gerne die Ohren abschneiden. Ich war nicht sehr lange sein braves Mädchen.«

»Was hast du gemacht?«

»Nichts. Nur das Gegenteil von dem, was er wollte. Er dachte, ich gehe neun oder zehn Jahre zur Schule, halte meine Arme und Beine immer bedeckt und heirate irgendeinen Türken aus der Sippe, den er für mich aussucht und einfliegen lässt. Dann bekomme ich viele Kinder und am besten nur Söhne, damit er wenigstens Enkelsöhne hat, wenn er schon selbst keinen Sohn hingekriegt hat. Einen Sohn habe ich jetzt. Aber keinen Mann. Ich trage immer noch gerne enge Tops und ich gehe gerne mal einen trinken.«

»Hast du Arbeit?«

»Ich habe nichts gelernt. Vielleicht wäre das schlauer gewesen. Ich hätte ja auch so gegen meinen Vater rebellieren können: Abitur machen oder so, einen Deutschen heiraten, Töchter bekommen, ein

Haus am See kaufen, keine Ahnung. Aber ich kannte keine Leute, die aufs Gymnasium gegangen sind. Ich kannte nur Leute, die die Schule geschmissen haben. Habe ich auch gemacht. Ich habe viel Party gemacht. Habe mir von einem Jugoslawen schöne Augen machen lassen. Mein Vater wollte von mir nichts mehr wissen, von seinem Enkelsohn auch nicht mehr.«

Aylin zeigt in das Treppenhaus.

»Wenn mir jemand gesagt hätte, dass Freiheit so aussieht, hätte ich mich lieber von meinem Vater einsperren lassen.«

Aylin sagt, sie habe noch zu tun. Sie weiß bestimmt, dass ich weiß, dass sie nichts zu tun hat.

»Patrick, ich habe keine Wohnung, in die man gerne Besuch reinlässt. Ich schlage vor, du rufst mich einfach an. Ich gehe ran, wenn mein Leben wieder ein bisschen normal ist.«

»Wann meinst du, ist es so weit?«

»In ein paar Jahren vielleicht.«

Einige Wochen später stehe ich in einem Treppenhaus, dessen runde Fenster einst futuristisch gewesen sein müssen und das ebenso dunkel und deprimierend ist wie das vor Aylins Haustür. Dieses Treppenhaus liegt in einem Wohnmonstrum am Rand von München, hinter dem Stadtring. Die Adresse ist die letzte Spur, die es von Dina gibt. Dina, deren Familie aus dem ehemaligen Jugoslawien geflohen war. Deren Großmutter nicht verstand, warum die Enkelin überhaupt eine Schule besuchen sollte. Dina, die einmal monatelang im Krankenhaus war. Die wir dort nicht besuchten. Dina, die auf einem Klassenfoto ein viel zu großes T-Shirt der Band »Bad Religion« trug. Damals war mir noch nicht klar, dass Dina offenbar einen sehr guten Musikgeschmack hatte – oder eine große Schwester mit einem sehr guten Musikgeschmack. Dina war eine, die niemandem weiter auffiel. In das Abschiedsalbum, das wir Frau Schach schenkten, schrieb sie: »Bitte vergiss mich nicht, Schachi!«

Aus dem Melderegister geht hervor, dass Dina einen neuen Nachnamen trägt und vor drei Jahren an den Rand von München gezogen ist, siebter Stock, dritte Tür rechts. Aber auf den unzähligen Klingelschildern des großen Hauses taucht der Name nicht auf. Die Nachbarn fragen: Ist die Frau, die sie suchen, dick und still? Ich sage, dass ich das nur vermuten kann, aber dass sie vor zwanzig Jahren dick und still war. Die Nachbarn sagen: Die Frau mit diesem Nachnamen ging selten aus dem Haus, nur den Mann mit diesem Nachnamen sah man gelegentlich. Vor ein paar Monaten zogen sie aus. Wohin, das weiß niemand. »Sie ist mir nicht aufgefallen«, sagt eine Nachbarin, »wenn sie nicht gefragt hätten, dann hätte ich die Frau vergessen.«

Von Tarek, der mit den Eltern aus dem Libanon kam, und Anupama, die in Sri Lanka geboren wurde, gibt es im Melderegister keine Spuren mehr. »Wenn ich mir die Namen und die Herkunftsländer ansehe«, sagt der Mann im Amt, »kann das nur eines heißen: Diese Personen halten sich nicht mehr in der Bundesrepublik Deutschland auf. Oder sie sind untergetaucht.«

Über Tarek finde ich alte Zeitungsausschnitte. Er boxte für einen Berliner Boxverein, Oberliga Nord/Ost, 69 Kilo. Im Verein erinnert man sich an Tarek, den »schmächtigen Araber«. Der Trainer fragt: »Ist das der, der beim Überfall dabei war?« Bei welchem Überfall? »Na, bei diesem bewaffneten Überfall auf das Pokerturnier am Potsdamer Platz! Wo die 200 000 Euro geklaut haben! Ach, nee, ich glaube, der hieß Ibrahim. Tarek war ein feiner Kerl. Gibt nicht viele Araber, die so sind. Aber für einen Boxer ist das schlecht. War zu nett, der Gute. Der hatte nichts außer dem Boxen, aber wir konnten ihn nicht mehr mitschleppen.«

Dort, wo Anupamas Familie lebte, kennt sie niemand. Das Haus unweit der Blücher-Grundschule ist eines dieser grundsanierten Häuser, auch die Mieter machen einen sanierten Eindruck. Tamilen, die einst vor dem Bürgerkrieg aus Sri Lanka geflohen waren, werden mittlerweile in vielen Fällen wieder in ihre Heimat zurückgeschickt. »Abgeschoben, Ende, Aus, Finito«, sagt der Mann im Amt, »der Flughafen Frankfurt am Main ist dann der letzte deutsche Ort, den die sehen. Die können Sie lange suchen.«

Ohne zu wissen, wo Tarek und Anupama sind: Dina ist die einzige Schülerin mit nichtdeutschen Eltern, die aus Berlin weggezogen ist. Sibel und Aylin können nicht abgeschoben werden. Sie können nur an den Rand geschoben werden. An den Rand von Kreuzberg, an den sie sich noch klammern. Sibel und Aylin waren mutig, sie haben sich gegen ihre Väter gewehrt. Sie wussten, dass dies der schwerste mögliche Weg sein würde. Aylin ist vom Staat abhängig. Sibel von dem Vermieter, dessen Mietpreis sie akzeptieren muss, wenn sie bleiben will. Aber von ihren Vätern sind beide nicht mehr abhängig.

Über den Vater von Sami wusste ich nicht viel. Nur, dass er aus Afghanistan stammt, vor dem Krieg mit den Sowjets geflohen war und als Anwalt arbeitete. Sami kam erst in der fünften Klasse zu uns, ging später mit mir aufs Gymnasium. Es wirkte nie so, als habe er ein Problem mit seinem Vater. Er war einer dieser coolen Außenseiter. Einer, der wenig mit den anderen zu tun hatte, aber nicht, weil die anderen nichts mit ihm zu tun haben wollten, sondern weil er nichts mit den anderen zu tun haben wollte. Samis Freunde waren älter und schlauer als wir. Sami sah älter aus als wir – und war wohl auch schlauer. Er las schon in der siebten Klasse nur Thomas Bernhard und trug schwarze Hemden, er drehte Zigaretten und musste nicht husten, wenn er sie rauchte. Sami hatte einen Bart, als wir noch Milchgesichter waren, einen wilden Bart, der über die Wangen wucherte und den er nicht stutzte, weil er Angst hatte, er könnte nicht nachwachsen. Wir nannten den Bart einen »Taliban-Bart«, Sami lächelte dann gütig. Wir hatten ja keine Ahnung.

Einmal lief ich zufällig nach der Schule neben Sami zur U-Bahn, normalerweise lief Sami immer alleine. Wir kamen an einer Bushaltestelle vorbei. »Patrick«, fragte Sami und atmete lange aus, »würdest du genau jetzt einen Pflasterstein auf diese Bushaltestellen schmeißen, so dass das Glas zerspringt?« Ich wusste nicht, was ich sagen sollte. »Du würdest es nicht machen, ich weiß«, fuhr Sami fort, »aber die Frage ist: Warum würdest du es nicht tun? Was hindert dich daran? Die Konventionen, die Angst oder sogar Kant? Denn eines weiß ich: Du hättest große Lust, es zu tun. Wir alle haben große Lust, es zu tun. Wir wären gerne ungestüm und martialisch. Es bereitet den Menschen Freude, Gewalt anzuwenden. Es würde auch dir große Freude bereiten. Aber irgendetwas hindert dich daran, diese Scheibe einzuwerfen. Interessant, oder?«

Ich wollte keine Scheibe einwerfen. Ich verabschiedete mich. Wenn ich fortan mit Sami zusammen den Schulhof verließ, lief ich in die andere Richtung, auch, wenn ich wie er zur U-Bahn musste.

Ich schätze, ich war noch nicht bereit für Sami. Später dann, als wir uns alle erwachsen vorkamen, als es nur noch zwei Jahre bis zum

Abitur waren, verstand ich mich sehr gut mit ihm. Wir saßen im Deutsch-Leistungskurs nebeneinander und verachteten Günter Grass. Außerdem wusste Sami, wo die besten Partys stattfanden und auf welche Partys die besten Mädchen gehen würden. Er hatte immer die schönsten Freundinnen, in kurzen Abständen. Und dann war er einfach weg. Mitten im Schuljahr. Die Lehrer wussten nichts, nur, dass er zu oft gefehlt hatte, um einfach wiederzukommen. Wir Schüler wussten auch nichts, denn über wichtige Dinge hatte er nur mit seinen Freunden gesprochen, und wir waren nach wie vor nicht seine Freunde.

Auf einer wilden Party in einem Berliner Kellerclub, kurz nachdem ich Aylin und Sibel aufgesucht habe, treffe ich Sami unvermittelt wieder. Er ist dort mit entfernten Bekannten von mir, er war all die Jahre nur ein paar gemeinsame Bekannte entfernt, lebt sogar ganz in der Nähe. Er sagt, er hätte sich immer mal wieder bei mir melden wollen in den letzten Jahren. Aber ich wisse ja, wie das sei. Man kommt zu nichts mehr.

»Wo warst du denn damals?«, frage ich Sami, die Technobässe lassen meine Stimme beben. »Patrick«, schreit Sami und ich kann es nicht hören, aber ich sehe, dass er wieder sehr lange ausatmet, »das ist eine einfache Frage, die leider kompliziert zu beantworten ist.« Wir wandern durch das Menschenmeer auf der Tanzfläche. Sami geht vor, seinen großen schwarzen Mantel hat er trotz der drückenden Nachtlebenhitze nicht ausgezogen, manchmal bleibt er stehen und betrachtet aus kleinen Augen ein Mädchen, das an der Bar sitzt oder vor den Boxen tanzt und streichelt dabei seinen Bart. Die Mädchen lächeln. Sami nicht. Dann läuft er weiter. Sami wirkt noch heute sehr verwegen.

Wir setzen uns auf ein durchnässtes Sofa vor dem Eingang zu den Toiletten. »Was war deine Frage?«, will Sami wissen. »Wo du all die Jahre gesteckt hast«, sage ich. Sami schnalzt mit seiner Zunge. »Mein Lieber«, sagt er, »manchmal muss ein Mann Dinge tun, die nur schwer zu verstehen sind.« Diese Oberstufenmystik nervt hier und heute.

»Sami«, sage ich, »erzähl doch mal!« »Na gut«, sagt Sami, »ich war damals fast ein Jahr lang in Afghanistan. Ich bin jetzt erst dabei, mein Abitur nachzuholen. Ich bin verheiratet und habe zwei Kinder. Und jetzt? Weißt du jetzt, was geschehen ist?«

Was geschehen ist, lässt sich nach zwei Stunden auf dem durchnässten Sofa und vielen selbst gedrehten Zigaretten so zusammenfassen: Samis Vater besaß noch Ländereien in Afghanistan, Erbgüter in der Provinz Ghazni, wo es steinig, karg und heiß ist. Die Lage dort entspannte sich nach dem Einzug der internationalen Truppen, wenn man in Afghanistan überhaupt von Entspannung sprechen kann. Sami war in seinem Leben nie im Land seines Vaters gewesen, das selbst dem Vater fremd geworden war. Aber nun forderte ihn sein Vater auf, nach Kabul zu fliegen und die 150 Kilometer mit einem Jeep zu fahren und sich um die Ländereien zu kümmern. Es war eine komplizierte Familienangelegenheit, es ging um Versprechen und Verantwortungen und Geld. Sami, kurz vor der nächsten Deutsch-Klausur, noch ein bisschen auf den Drogen vom Wochenende zuvor und frisch verliebt in das nächste Top-Mädchen, fragte den Vater, ob das sein Ernst sei. »Hast du ihn gefragt, ob er verrückt ist?«, frage ich. »Das«, sagt Sami, »würde ich meinen Vater nie fragen. Bist du verrückt?«

Sami ging diplomatischer vor, aber er machte dem Vater deutlich, dass er sich nur schwer vorstellen könne, den Rest seines Lebens im Schatten der Band-e-Sultan-Talsperre zu verbringen. Und der Vater hatte eine Alternative zu bieten: Sami müsse nur einige Monate in Afghanistan bleiben, dort eine Frau heiraten, die er nicht kennt – und könne dann mit ihr zurück nach Berlin. Das würde alle Familienangelegenheiten klären. Also teilte Sami seiner Freundin mit, dass nun leider Schluss sei, und reiste in ein Land, in dem er die Menschen zwar verstand, aber auch fürchtete. Die Hochzeit mit dieser Frau, die er das erste Mal sah, kurz bevor er schwor, dass er ihr für immer treu sein würde, wurde ein großes Fest. Seine Frau und er waren wohl die Einzigen, denen nicht nach Feiern zumute war. Seit sieben Jahren leben sie in Berlin. Die Frau spricht kaum Deutsch, der Sohn schon, er geht in einen Kindergarten, die Kleine ist erst ein halbes Jahr alt.

»So ist das«, sagt Sami, der darauf wartet, dass ein Kerl namens Igor den Weg zu unserem Sofa findet, weil dieser Igor wohl noch was zu Rauchen hat. »Na los«, sagt Sami, »jetzt kannst du über mich herziehen!« »Warum sollte ich?«, frage ich, »weil deine Frau zuhause sitzt und du feiern gehst?« »Nein«, sagt Sami, »weil diese Geschichte für meine deutschen Freunde völlig wahnsinnig klingt. Ich, der alte Lebemann, werde zwangsverheiratet und wehre mich nicht mal dagegen. Das verstehen die nicht. Aber das könnt ihr auch nicht verstehen. Ich war einer von euch …« Ich unterbreche ihn: »Aber ein bisschen anders als wir…« »Ich habe das Leben hier genossen und hatte mir vorgestellt, bald zu studieren und eine Frau zu haben, die auch studiert. Aber es gibt eben auch einen anderen Teil in meinem Leben und dieser Teil heißt Familie und da gelten andere Regeln. Und weißt du was? Ich halte mich gerne daran. Ich bin stolz darauf.«

Sami hat seine Geschichte schon oft genug erzählt, um zu wissen, wie die Leute darauf reagieren. Er war immer der Unverstandene,

Ablehnung hat ihn immer stark gemacht. Aber auch Sami weiß, dass er einen Widerspruch lebt. Er weiß das in jedem Moment. Und erst recht nachts um halb fünf im exzessivsten Club der Stadt. Früher oder später muss er nach Hause zu seiner schweigsamen Frau. Letztes Jahr hat Sami versucht, diesen Widerspruch zu lösen. Er verpflichtete sich bei der Bundeswehr. Sein Gedanke: Die deutschen Truppen in Afghanistan sind auf das Verständnis der Bevölkerung angewiesen und wer könnte besser darum werben als ein Mann, der aussieht wie ein Afghane und spricht wie ein Deutscher. Ein halbes Jahr war Sami in einer Kaserne am Niederrhein stationiert. Aber es funktionierte nicht. Das Heimweh. Das Fernweh. Das Feierweh. Sami hielt nur ein halbes Jahr durch.

»Ich mag mein Leben«, sagt Sami, kurz bevor er in der Nacht, die gleich zum Tag wird, verschwindet, »ich liebe meine Frau, aber auf einen andere Art, das verstehst du nicht.«

Ich hoffe, dass er es versteht.

8.

Der Notenvirtuose

Als ich seine Stimme durch die Sprechanlage höre, erstarre ich. »Sontheimer« schallt es aus dem Lautsprecher. »Hier ist Patrick«, sage ich mit zittriger Stimme. »Hallo Patrick«, antwortet Herr Sontheimer blechern, »du musst in den fünften Stock. Wenn du den Gang bis ganz nach hinten entlanggehst, kommst du zu einem Fahrstuhl. Nimm den Lift bis zu fünften Etage. Dort läufst du den Gang wieder zurück, die letzte Tür auf der rechten Seite ist meine, Sontheimer steht darauf.« Herr Sontheimer traut mir wohl immer noch nicht sehr viel zu. In genau diesem Tonfall versuchte er einst, mir zu erklären, wie ich eine Wurzel berechnen müsse.

Herr Sontheimer erwartet mich mit seinem freundlich-misstrauischen Sontheimer-Lächeln. Er ist nicht gealtert, das Haar war schon immer grau und akkurat gestutzt, das karierte Hemd war schon vor zwanzig Jahren bis zum obersten Knopf zugeknöpft, Herr Sontheimer ist eine alterslose Lehrererscheinung. Er hält lange meine Hand und schaut mir tief in die Augen. »Warte kurz«, sagt er, »ich versuche dein Gesicht einzuordnen. Ja, richtig, Patrick, ich erkenne dich wieder. Du warst doch kürzlich an der Schule, du bist mit Frau Schach an mir vorbeigelaufen. Hättest mich ruhig ansprechen können, statt mich erst später anzurufen.« Ich komme ins Stottern. »Sie wirkten sehr, äh, beschäftigt, ich weiß nicht …« »Schon in Ordnung«, sagt Herr Sontheimer und schiebt mich an den Esstisch. Er hat das Treffen unter Kontrolle, wie eine Mathestunde, alles scheint akribisch geplant.

»Patrick, während ich jetzt für uns beide einen Kaffee zubereite, erzählst du bitte, was du seit der Grundschule erlebt hast.« Ich fange damit an, dass ich hauptberuflich schreibe, da unterbricht mich Herr Sontheimers sanft drängelnde Stimme aus dem Nebenzimmer. »Das überrascht mich nicht. Ich habe natürlich in Vorbereitung auf dieses Treffen einige Unterlagen von damals hervorgeholt. Deine Zensuren in Deutsch waren formidabel. In den Naturwissenschaften hattest du jedoch einige Schwierigkeiten.« Herr Sontheimer setzt sich zu mir. Er legt einige Hefter auf den Tisch. Sämtliche Zensurenlisten unserer Klasse, Zeugnisse, Protokolle. Frau Schach hatte nur eine Kiste mitgebracht, in der lose Blätter von früher lagen. Herr Sontheimer dagegen hat über jeden Schüler, den er unterrichtet hat, eine Art Akte angelegt. »Mal sehen«, sagt er, »in Deutsch schriftlich eine Eins, sehr gut, aber mündlich war die Mitarbeit etwas zurückhaltend. Du kommst insgesamt trotzdem auf eine Eins minus. In Mathe hast du dich im zweiten Halbjahr deutlich verbessert, eine solide Drei, das ist doch schön.« So geht das weiter. Herr Sontheimer ist der Lehrer geblieben, der er war. Und ich der Schüler. Ich fühle mich genötigt, mich zu rechtfertigen, ganz so, als wäre an den Noten, die die Welt von Herrn Sontheimer strukturieren, noch etwas zu ändern: »Dass ich im Unterricht nicht so viel gesagt habe, lag nicht daran, dass ich nicht interessiert war …« »Ich weiß«, sagt Herr Sontheimer, »es darf ja auch laute und leise Schüler geben. Insgesamt ist das ein gutes Zeugnis.«

Herr Sontheimer geht alle Namen der Klasse durch. Er sieht die Zensuren, dann sieht er die Person vor sich. Zu Ahmed sagt er: »Ein ungezügelter Junge, kreativ, aber vorlaut, nicht sehr fleißig. Was er wohl heute macht?« Ich sage Herrn Sontheimer, dass ich das nicht genau sagen kann. »Oberster Verfassungsrichter wird er schon nicht sein«, sagt Herr Sontheimer.

»Du bist der erste Schüler aus eurer Klasse, der sich bei mir gemeldet hat«, sagt Herr Sontheimer, »das ist schade. Ich meine mich auch zu erinnern, dass wir damals gar keine Abschiedsfeier veranstaltet haben, das hat mich gewundert. Woran lag denn das?« Es lag daran, dass Schüler und Lehrer Herrn Sontheimer für einen schlechten Pädagogen hielten. Und dass statt Herrn Sontheimer Frau Schach zu einem Grillabend eingeladen wurde. »Die Stimmung war etwas aufgeheizt«, sage ich, »viele waren mit den Oberschulempfehlungen, die Sie vergeben haben, nicht einverstanden.« Die starre Beamtenmiene von Herrn Sontheimer entgleitet für einen kurzen Moment, als sei er in seinem Berufsethos getroffen worden. »Ja, das kommt mir bekannt vor«, sagt er dann schon wieder geschäftsmäßig, »alle Eltern glauben natürlich immer zu wissen, dass ihr Kind auf ein Gymnasium gehört. Heutzutage höre ich sogar oft von Eltern nichtdeutscher Herkunft, dass ihr Kind unbedingt etwas erreichen soll. Diese Eltern wollen, dass ihr Kind Abitur macht, aber zuhause wird den Kindern dafür nichts mitgegeben, es gibt keine Bücher, keine Museumsbesuche, nichts. Diesen Kindern fehlt es an elementaren Dingen, aber die Eltern erwarten von mir, dass ich ihre Kinder aufs Gymnasium schicke. Viele Kollegen geben deswegen ganzen Klassen eine Gymnasialempfehlung, selbst wenn sie wissen, dass darunter Schüler sind, die auf einem Gymnasium keine Chance haben werden. Aber das kümmert sie nicht, ihr Job ist schließlich nach der sechsten Klasse erledigt. Und das Ergebnis sind überforderte Schüler, die spätestens in der achten Klasse sitzen bleiben, die früher oder später doch auf eine Realschule oder eine Gesamtschule kommen und sich von dieser Niederlage nicht mehr erholen.«

Herr Sontheimer, den wir für einen fiesen Notenfetischisten hielten, hält sich selbst für einen äußerst gerechten Lehrer. Er sagt, ihn störe die »Vorsortierung« nach schlechten und guten Schülern, die schon in der ersten Klasse beginne. »Aber sie sortieren mit ihrer Benotung doch auch«, sage ich. »Noten sortieren immer«, sagt Herr Sontheimer, »mir sind natürlich die Hände gebunden, ich muss gewisse Kenntnisse abfragen und bewerten, aber ich versuche, jedes Kind gleich zu behandeln. Jedes Kind muss ordentlich sein.«

»Das erklärt die Schreibübungen für Erstklässler, die ich machen musste«, sage ich.

»Richtig«, sagt Herr Sontheimer, »ich erinnere mich. Darüber haben sich auch deine Eltern beschwert. Aber wenn ich von schwachen Schülern erwarte, dass sie sauber schreiben, erwarte ich das auch von besseren Schülern. Ich mache keinen Unterschied zwischen guten und schlechten Schülern. Ich bilde nicht nur Gymnasiasten aus, sondern auch Hauptschüler. Es muss doch nicht jeder aufs Gymnasium gehen.« Herr Sontheimer hat natürlich Recht. Bloß: Das dreigliedrige deutsche Schulsystem orientiert sich noch heute am Ständesystem und wird dem Arbeitsmarkt schon lange nicht mehr gerecht. Deswegen ist ja sogar die CDU-Spitze in diesem Jahr zu der späten Erkenntnis gelangt, dass die Hauptschule abgeschafft gehört, was in vielen Bundesländern bereits passiert ist. Hauptschulen qualifizieren heute niemanden mehr für einen praktischen Beruf, sondern sind zu Restschulen verkommen, an denen sich Schüler versammeln, die sich schwer tun und mit denen sich die Lehrer noch schwerer tun. Stattdessen solle es nach Vorstellung der CDU neben den Gymnasien bald eine Oberschule geben, die Realschule und Hauptschule vereint. Herr Sontheimer sagt, das gehe ihm nicht weit genug. So würden wieder nur die Verlierer an einer Schule versammelt. Sein Traum wäre eine einzige Oberschule für alle Schüler, mit »individueller Förderung«, was in den Worten der Lehrer immer klingt wie ein wunderbares, fernes Versprechen und wohl heißen soll, dass sie genug Zeit hätten, sich mal alleine mit einem Schüler hinzusetzen. Herr Sontheimer spricht von einem Lernumfeld, das »leistungsschwache Schüler« motiviert und in dem ihre »persönlichen Stärken« erkannt werden. »Aber das wird wohl ein Wunsch bleiben«, sagt Herr Sontheimer, »man sieht das ja schon an den jetzigen Gesamtschulen, dass dort wieder zwischen Gymnasiasten und Realschülern unterschieden wird, überall wird heute getrennt und kategorisiert.« Ich frage Herrn Sontheimer, ob »individuelle Förderung« nicht besser funktioniere, wenn Schüler mit ähnlichen Talenten in kleinen Gruppen zusammen lernen, als wenn alle Schüler, schnelle und langsame, möglichst lange gemeinsam in eine Klasse gehen. Aber in Herrn Sontheimers großem Gesamtschultraum, dessen Erfüllung er wohl nicht mehr erleben wird, gibt es beides: gemischte Klassen und Raum für kleine Gruppen. Und er fragt: »War nicht deine Klasse der Beweis dafür, dass es für alle am besten ist, wenn alle zusammen die Schule besuchen?«

Ein paar Tage später muss die Antwort auf diese Frage ein klares Ja sein. Ich besuche Anna an ihrem Arbeitsplatz. Anna promoviert derzeit an einem sehr renommierten Institut für Sozialforschung. Ihr Thema: Erwachsenenbildung im Bundesländervergleich. Anna ist größer als ich, sie trägt einen Anzug und begrüßt mich mit einer Führung durchs Haus, viele Namen, viele Titel, viele Ambitionen.

Anna ist elegant und hübsch und erfolgreich und stolz darauf. Sie bittet in die Kantine. Honore Herren in Cordsakkos stecken ihre Köpfe über Schweineschnitzel mit Kroketten zusammen. Anna habe ich sehr lange nicht gesehen, noch länger als die anderen aus unserer Klasse, denn sie verließ uns, bevor Herr Sontheimer kam. Sie ging ab der fünften Klasse auf ein recht elitäres Gymnasium. »Du weißt, ich war eine sehr perfektionistische Schülerin«, sagt Anna, »ich wollte unbedingt ab der fünften Klasse zwei Fremdsprachen lernen, ich wollte mehr gefordert werden, und meine Eltern wollten das auch.« Ihre Mutter war als junge Frau aus Peru nach Deutschland gekommen, die Mutter war gefeierte Tänzerin, der Vater Professor. Ich erinnere mich, dass Anna weinte, als sie einmal eine Zwei bekam.

Anna, die schon immer die Größte von uns war, war die beste Freundin von Arzu, der Kleinsten von uns. Auch Arzu hatte nur selten eine Zwei. Arzu, deren Familie aus der Türkei stammt, und Anna waren unzertrennlich. Nur einmal hatten sie Streit und lernten deshalb nicht gemeinsam für die anstehende Biologie-Klausur. Arzu schrieb dann fast nichts auf ihr Aufgabenblatt, sie weinte noch während der Klausur. Danach versöhnten sich Anna und Arzu, gingen zu Frau Schach und erklärten ihr, dass sie sich gestritten hatten und deswegen nicht lernen konnten. Dass Arzu deshalb an der Klausur gescheitert sei. Arzu durfte den Test daraufhin wiederholen und bekam ihre Eins. Für uns Zweier- und Dreierjungs war das der endgültige Beweis dafür, dass »Maxi« und »Mini« einen Schuss hatten und die Welt ungerecht war. »Arzu und ich haben uns gegenseitig angespornt«, sagt Anna, »unsere Familien waren sehr unterschiedlich, aber wir haben uns sofort verstanden, wir lagen auf einer Wellenlänge.« Es muss die Streberwellenlänge gewesen sein. Arzu wechselte mit Anna nach der vierten Klasse auf das

Gymnasium, ihr Vater war ein sehr leistungsbewusster Mann, »der viel von seiner Tochter gefordert hat«, sagt Anna. Arzus Vater führte ein Geschäft für Küchenmaschinen. In der Oberstufe stritten sich Anna und Arzu dann zum zweiten Mal und diesmal ging es um wichtigere Dinge, es kam nicht zur Versöhnung. Anna hat Arzu seit dem Abitur nicht mehr gesehen.

»Ich mochte unsere Grundschule«, sagt Anna, »aber ich war heilfroh, als ich endlich aufs Gymnasium konnte, ich war damals ganz verrückt nach Noten und Fleißpunkten.« Anna sagt, sie sei dennoch glücklich, dass sie die ersten vier Jahre in Kreuzberg zur Schule gegangen sei, »ich habe es so erlebt, dass es viele Kinder deutlich schwerer haben, ich habe soziale Benachteiligung hautnah erlebt.« Sie erzählt von der Grundschule wie von einer Forschungsreise und sagt, heute, in ihren abgezirkelten Kreisen, ernte sie immer wieder Anerkennung und Respekt für diese Erfahrung. Sie hat als Einzige im Institut Kinder vor Augen, – Murat, Elin oder Dina – wenn sie eine Schulstatistik durchgeht und dort Zahlen liest, die zeigen, dass ein Migrationshintergrund an deutschen Schulen meist einen Nachteil bedeutet. »Wir waren ja nicht direkt eine Ghetto-Klasse«, sage ich. »Nein, nein«, sagt Anna, »aber im Vergleich zu den Klassen, die ich später besucht habe, schon. In meinen späteren Klassen gab es keine Türken oder Araber.«

Die Geschichte von Anna und Arzu könnte aus einem Leitfaden der Integrationsbeauftragten stammen. Hier das deutsche Mädchen aus dem Akademikerhaushalt. Dort das Mädchen aus der Einwandererfamilie. Sie werden beste Freundinnen. Lernen gemeinsam, spornen sich an. Die Deutsche kommt durch ihre Freundin in Kontakt mit Lebenswelten, die sie nicht kannte. Und die Deutsch-Türkin kommt durch ihre Freundin an ein Gymnasium, das für sie sonst wohl verschlossen geblieben wäre.

Von Arzu höre ich wenig später. Sie ist gar nicht mehr so klein. Arzu steckt mitten im Prüfungsstress und wird bald Grundschullehrerin sein, die zweite aus unserer Grundschulklasse. Sie sagt, sie will etwas zurückgeben. Wie Miriam will Arzu ein Vorbild sein, ein Vorbild mit Migrationshintergrund. Sie sagt, es sei wichtig gewesen, dass ihre Familie damals von Kreuzberg in den beschaulicheren Bezirk Charlottenburg gezogen sei, ganz nah an den längst verblassten Prachtboulevard Kurfürstendamm. »Meine Eltern wollten mehr vom Leben in Deutschland als viele andere türkische Eltern«, sagt Arzu, »und sie wollten raus aus dem Klischeebezirk. So habe auch ich keine Klischeelaufbahn hingelegt. Es gibt immer mehr junge türkische Lehrer, aber ich werde immer noch oft genug überrascht angeschaut von Kollegen, die mich zum ersten Mal treffen.«

Auch für Anna hatte das Leben noch eine Überraschung parat. Es konnte nicht so makellos weitergehen. Sie lernte einen jungen Peruaner kennen, der das Heimatland von Annas Mutter verlassen hatte und sich illegal in Deutschland aufhielt. Freunde und Familie waren entsetzt. Ihr Freund hat keinen Schulabschluss, keinen Job, kein Geld – und nicht mal eine Krankenversicherung. Anna heiratet ihn, sie ist erst 19. Ihre Liebe zu ihm ist auch eine Rebellion gegen ihr Umfeld. »Auf einmal war dieser Mensch, mit dem ich über alles reden konnte, der mir das Wichtigste überhaupt war – aber ihm war all das, was mir bisher wichtig war, egal«, sagt Anna, »Anerkennung, Eliteschule, Noten, das alles spielte in seinem Leben keine Rolle. Und ich begann mich zu fragen: Warum ist mir das so wichtig? Warum mache ich mir so einen Stress? Warum machen die anderen mir so einen Stress?« Anna sagt, seit dieser Hochzeit fühle sie sich frei. Sie haben sich ein paar Jahre später scheiden lassen, es passte nicht, ihren heutigen Freund hat sie auf einer dieser Stehpartys am Institut kennen gelernt, sie haben mehr gemeinsam, aber sie haben auch andere Themen als den Beruf. Sie ist trotzdem froh, diesen wahnsinnigen Schritt getan zu haben kurz nach dem Abitur, das sie auch gleich noch auf Französisch ablegte, sie ist froh, diesem peruanischen Mann geholfen zu haben. Und sich selbst. Er konnte in Deutschland bleiben. Und sie lernte, dass es mehr gibt, als die Beste zu sein.

Ich habe alle Schüler aus meiner alten Klasse, die ich finden konnte, getroffen – außer Ahmed. Arzu und Fatih sind die einzigen Mitschüler, die aus einem türkischen Elternhaus stammen und eine »deutsche« Karriere gemacht haben. Und sowieso gibt es überraschende Werdegänge fast nur im negativen Sinne.

Fabian, der Junge auf dem Schrank, brauchte eine Weile, bis er wieder ins Leben hinuntergeklettert war. Er kommt aus einem Bildungsbürgerhaushalt, alles war da, Bücher, Geld, Geduld. Aber kein Vater, sagt Fabian und keine Grenzen. Fabian kiffte sich gänzlich willenlos. Später holte er seine Fachholschulreife nach, er lässt sich gerade zum Grafikdesigner ausbilden. Fabian sagt, seine Geschwister hätten beide promoviert, er falle aus der Reihe, aber das sei doch immerhin etwas. Die Pubertät, die Freunde, die Mutter, unberechenbare Einflüsse sind es, die verhindert haben, dass Kifferfabsi dem gefolgt ist, was die Geschwister ihm vorgemacht haben. Glücklich ist er trotzdem geworden.

Das kann man auch von Moritz behaupten, der heute Chefkoch in einem bayrischen Ferienhotel ist. Seine Mutter war entsetzt, als er vor dem Abitur die Schule verließ. Jetzt prahlt sie damit, dass er die beste Crème brûlée mache. Moritz sagt, er habe irgendwann rebellieren müssen gegen die schöne, heile, linksalternative Welt um ihn herum, alle seien so satt gewesen. Heute macht er die Menschen gerne satt. Er hatte seinen Ausbruch. Genau wie Max, der sich in den Berliner Clubs und in den Pillen verlor, bis ihm sein Vater im alten Kinderzimmer einschloss, in dem wir riesige Playmobil-Landschaften aufgebaut hatten. Heute arbeitet Max in einer Werbeagentur. Er sagt: »Meine Eltern dachten immer, Drogen und Schulschwänzer gibt es nur unter Arbeitslosen. Ich habe ihnen das Gegenteil bewiesen.«

Wenn ich mit den Mitschülern von früher zusammensitze, wird mir immer wieder klar, wie viele Zufälle das Leben bestimmen. Die Beziehung der Eltern. Welche Freunde man kennen lernt. Auf welche Party man wann geht. In welches Mädchen man sich verliebt. Welches Praktikum man absolviert. Doch Fabian, Moritz und Max sind die einzigen deutschen Mitschüler, die von den Zufällen vorübergehend aus der Bahn, aus der behüteten Welt geworfen wurden. Die anderen Deutschen, mit denen ich als Kind viel zu tun hatte, treffe ich dort, wo ich sonst meine Freunde von heute treffe, sie studieren, haben ihren ersten Job begonnen, leben in schönen Wohnungen unweit der Blücher-Grundschule, zweifeln oft, ob sie nicht doch noch mal etwas anderes probieren sollen, erinnern sich gerne an die Grundschule. Es geht ihnen gut. Sie verstehen sich mit ihren Eltern, die ihnen Vieles ermöglicht haben. Sie ähneln ihren Eltern oft frappierend, nicht nur äußerlich, sie eifern ihnen oft auch im Beruf nach. Judith zum Beispiel arbeitet jetzt in der gleichen Position bei der gleichen Krankenkasse wie ihre Mutter. Sie erinnert sich an Cem, der ihr noch Jahre, nachdem er unsere Klasse verlassen hatte, liebeskrank vor der Haustür auflauerte.

Auch Tanja und Steffi führen ein Leben, das dem ihrer Mütter stark ähnelt. Tanja und Steffi waren lange Zeit einfach nur zwei von vielen Mädchen, die mir geheimnisvoll vorkamen und die ich deshalb alle doof fand. Tanja war etwas zu dick. Steffi etwas zu dünn. Erst als wir alle begannen, wirklich zu wachsen, als nicht mehr alle die gleichen Regenjacken und Gummistiefel trugen, nicht mehr die gleichen Kinderlieder hörten und sich für Kastaniensammeln interessierten, wurde klar, dass Tanja und Steffi nicht nur anders waren, weil sie Mädchen waren, sondern dass sie auch anders waren als die anderen Mädchen. Beide hatten Mütter, die alleinerziehend waren, beide lebten in Neubausiedlungen, dem ewigen Kontrast zum gehobenen Altbau in Kreuzberg, und beide schminkten sich früh.

Tanja lebte mit ihrer sehr jungen Mutter im Haus neben unserem Haus. Wenn wir uns morgens über den Weg liefen, sagten wir nichts, einmal streckte sie mir die Zunge raus. Tanja ist noch immer rund und rotbäckig, sie wurde noch jünger Mutter als ihre Mutter und holt gerade ihren Realschulabschluss nach. Bisher hat sie sich um ihren Sohn gekümmert. Steffi hat schon zwei Kinder und sieht das als ihren Hauptberuf. Beide Frauen führen komplizierte Beziehungen. Beide sind einen Weg gegangen, der absehbar war. Ich wollte erfahren, warum so viele meiner nichtdeutschen Mitschüler durchs Raster gefallen sind. Und ich erfahre, dass es den wenigen deutschen Kindern aus sozial schwachen Familien nicht anders ergangen ist.

Diverse Studien bemängeln immer wieder, dass Kinder mit Migrationshintergrund und Kinder aus sozial schwachen Familien – was oft in Kombination auftritt – im deutschen Schulsystem benachteiligt würden. Der Zusammenhang zwischen sozialer Herkunft und schulischen Chancen im stark selektiven deutschen Schulsystem ist größer als in vielen anderen vergleichbaren Ländern. Das Problem sind ja derzeit auch an der Blücher-Grundschule von Anfang an die Unterschiede zwischen »NdH«-Schülern und »Kinderladen«-Schülern, die ungleichen Startvoraussetzungen. Das war schon zu unserer Einschulung ein Problem, aber das Problem ist in den zwanzig Jahren dazwischen größer geworden. Neuköllns Bezirksbürgermeister Heinz Buschkowsky fordert deshalb schon länger eine Kindergartenpflicht für Kinder ab einem Jahr. Buschkowsky sagt, nur so könnte man die Problemkinder in den Problemkiezen erreichen. Die Lernforschung sagt: Drei Jahre dauert es, bis sich ein Kind in einer Sprache zuhause fühlt. Die meisten türkischstämmigen Eltern aber schicken ihre Kinder nur ein oder zwei Jahre in eine Kita.

Wenn man Herrn Sontheimer fragt, was getan werden müsse, damit alle Schüler in seinen Klassen eine Chance haben, sagt er: Man muss mehr Geld ausgeben. Deswegen wird nichts passieren. Man müsste, sagt Herr Sontheimer, die Vorschule früher beginnen lassen. Die Klassen verkleinern. Die Betreuung nach Unterrichtsende ausbauen. Die Lehrer fortbilden. Sozialpädagogen anstellen. Die Abschlüsse arabischer Erzieherinnen anerkennen. Mehr Lehrer mit Migrationshintergrund anstellen. »Und man muss den Beruf des Grundschullehrers aufwerten«, sagt Herr Sontheimer, »für viele sind wir ja nur halb so viel wert wie ein Gymnasiallehrer. Dabei werden die wichtigsten Weichen in der Grundschule gestellt. Wir haben doch viel mehr Verantwortung!«

Ausgerechnet die Berliner Rütli-Schule ist ein Beispiel, wie der Umbau einer Schule gelingen kann. Die Hauptschule in Neukölln mit neunzig Prozent Ausländeranteil machte 2006 bundesweit Schlagzeilen, weil die Lehrer sich öffentlich weigerten, weiter zu unterrichten. Daraufhin schob der Senat für 24 Millionen. Euro ein beispielloses Aufbauprogramm an, finanzierte den Campus Rütli, eine integrierte Haupt- und Realschule plus gymnasiale Oberstufe, Elternzentrum, Werkstätten, Mensa und Sporthalle – und Sozialarbeiter. Die Gewalt ist seitdem zurückgegangen. Lehrer unterrichten wieder gern. Die Schule bietet jetzt Perspektiven. Die Schüler nutzen sie. Aber die Rütli-Schule ist eine Schule im Fokus der Öffentlichkeit. Sie musste gerettet werden, sonst hätten sich die verantwortlichen Behörden weiter blamiert. Die Rütli-Schule ist eine Ausnahme.

Nach seinem mehrstündigen Frontalunterricht am Esstisch glaube ich, dass wir alle Herrn Sontheimer ein wenig Unrecht getan haben. Ich glaube, auch die Kollegen kommen nicht mit seiner unnahbaren Art zurecht, sie wählten nicht ihn, sondern Frau Schmidtke zur neuen Schulleiterin. Herr Sontheimer ist im besten, im alten Sinne ein Sozialdemokrat. »Das Problem ist, dass wir an der Grundschule die Unterschiede nicht aufholen können«, sagt Herr Sontheimer, »wer mit Defiziten eingeschult wird, verlässt auch mit großen Defiziten die Grundschule.«

Vor zwei Jahren veröffentlichte das Institut, für das Anna tätig ist, eine Studie, die einen weiteren Aspekt der sozialen Ungerechtigkeit an deutschen Grundschulen offenbarte. Die Forscher wiesen nach: Viele Schüler wechseln nach der Grundschule auf eine falsche Oberschule. Rund dreißig Prozent der Schüler besuchten einen weiterführenden Schultyp über oder unter ihrem Leistungsniveau. Dabei geht es nicht nur um die Überförderung, die Herr Sontheimer seinen Schülern ersparen will, sondern vor allem um die Unterforderung. Und die trifft nur ganz selten Kinder aus Akademikerfamilien, fast vier Fünftel von ihnen besucht ein Gymnasium, nur ein Drittel der Schüler aus Haushalten ohne einen solchen Bildungshintergrund besuchte dagegen ein Gymnasium. Auf Hauptschulen ergibt sich ein umgekehrtes Bild: Dort lernt jedes vierte Kind aus einem nicht-akademischen Elternhaus – aber nur jedes zwanzigste Kind, dessen Eltern einen Hochschulabschluss haben.

Die Forscher bemängelten in ihrem Resümee, dass die Zuweisungspraktiken fatale Folgen haben: Vielen Kindern würde die Chance auf ein späteres Studium frühzeitig verbaut, sie könnten ihr Potential nicht nutzen, ihre Motivation werde nicht gefördert. Die Lösung sei: die Schüler möglichst spät in unterschiedliche Bildungswege zu schicken. Nun dauerte unsere Grundschulzeit schon sechs Jahre, länger als in den meisten Bundesländern. Und trotzdem sagt Herr Sontheimer: »Es kann natürlich gut sein, dass manche Oberschulempfehlung von mir nicht richtig war. Natürlich kann ich unter den Bedingungen, in denen ich arbeite, nicht jede Begabung erkennen, und auch nicht jedes Defizit.«

Am Ende erzählt Herr Sontheimer, dass nur ein Schüler ihm einen Brief geschrieben habe zum Abschied. Er hat diesen Brief in seinen Akten, selbstverständlich. In krakeliger Schrift steht dort auf einem Ninja-Turtle-Briefpapier: »Lieber Herr Sontheimer, danke für die Zeit mit Ihnen. Sie waren ein guter Lehrer. Ihr Sven«. »Sven?«, fragt Herr Sontheimer, »erzähl mir etwas von diesem Sven, du weißt, ich habe seitdem so viele neue Schüler kennen gelernt, viele von ihnen hießen Sven.«

Da fällt es mir ein. Ich habe Sven vergessen. Ich hatte ihn als Ersten erreicht. Und habe ihn doch nicht besucht. Es ist wie früher. Sven kriegt keinen Besuch. Herr Sontheimer schaut auf die Zensurenliste: »Ohje, viele Vieren, viele Fünfen, auch eine Sechs, nur in Kunst eine Zwei!« Sven kam auf eine Hauptschule.

»Muss ein netter Junge gewesen sein«, sagt Herr Sontheimer und faltet den Abschiedsbrief zusammen, »hoffentlich hat er die Kurve gekriegt.« Aber natürlich weiß Herr Sontheimer, dass Sven nicht die Kurve gekriegt hat. Er musste ihn auf eine gerade Strecke schicken. In eine Sackgasse.

9.

Die Bio-Invasion

Wo ich auf der Suche nach meinen ehemaligen Mitschülern auch hinkomme, überall wurden Geschäfte eröffnet, die sich rühmen, »biologische« Produkte zu verkaufen. Bio-Supermärkte. Bio-Restaurants. Bio-Bäcker. Bio-Eisdielen. Bio-Modeboutiquen. Sogar gegenüber des maroden Neubaus, in dem Aylin lebt, glänzt ein »Bio-Bistro«. Im Angebot: Bio-Espresso und Bio-Nusshörnchen. Bio rückt bis an die Grenzen des Bezirks vor. Auf unserer Sauftour wunderte sich Cem über »die vielen Biomuschi-Kneipen«. Und im Kinderspielzeugladen unten in dem Haus, in dem einst Ahmed lebte, wird Bio-Süßholz angeboten, auf dem die Kleinen herumnagen können. Bio, das habe ich gelernt, steht für das neue Kreuzberg, das teure Kreuzberg. Bio ist das Label der Zugezogenen. Bio ist die Opposition zum alten Berlin. Cem und Aylin und Elin und Murat gehören nicht zur Bio-Stammkundschaft. Aber niemand hasst Bio so sehr wie Sven.

Wir stehen in der Markthalle gleich um die Ecke der Wohnung, in der ich ihm einst Nachhilfe geben sollte und in der Sven noch immer wohnt, weil er sich keine eigene Wohnung in dieser Gegend, die seine bleiben soll, leisten kann. Die Markthalle wurde vor kurzem renoviert. Es ist jetzt eine sehr saubere Markthalle, steril wie ein Operationssaal. Nach der Renovierungsphase haben neue Stände eröffnet. Es gibt einen Stand für Bio-Fleisch, einen Bio-Bäcker, Bio-Schafskäse aus der Toscana, spanische Oliven und österreichischen Bio-Wein. Junge Mütter schieben Kinderwägen durch die Halle, die so viel kosten wie ein Kleinwagen. Sven schlappt voraus, ich habe nicht verstanden, wohin wir gehen. Sven, dieselbe Statur wie damals, mit einer noch dickeren Brille auf der Nase und einem buschigen Bart im Gesicht, kriegt seine Zähne nach wie vor nicht weit auseinander. »So«, schnauft er, als wir vor einem Imbiss in der hintersten Ecke der Markthalle stehen. »Dit«, sagt Sven, »ist dit Einzige, was von meiner alten Markthalle geblieben ist. Sonst gibt's ja nur noch Bio. Sonst kostet ja alles doppelt so viel. Nur hier kriegste noch ne Currywurst für zwo Mark fuffzig wie immer, oder ein Euro zwanzig halt. Und ein rischtiges Bier.« Eine fast zahnlose Frau steht vor einer sprudelnden Friteuse und schreit: »Sven, mein Juter, wie immer?« »Jenau«, schnauft Sven, »für meine Begleitung hier dit selbe!« Die Frau mustert mich. »Hast wohl neue Freunde, Sven!« »Der ist in Ordnung«, schnauft Sven, »glaube ick zumindest!« Die zahnlose Frau knallt zwei bauchige Flaschen Schultheiß auf die Theke. Schultheiß ist die Berliner Interpretation von Bier. »Ick war letztens hier um die Ecke in ner Kneipe«, sagt Sven, »da jibt mir der Kellner allen Ernstes ein Münchner Bier, ick hätte dem fast eine gelangt. Bayerisches Bier in Berlin! Wozu? Da gehe ick nicht mehr hin! Prost!«

»Sag mal Sven«, schreit die zahnlose Frau, die wohl denkt, ich spräche nicht ihre Sprache, »verträgt deine Begleitung die Spezial-Currywurst?« »Ick hoffe doch«, schnauft Sven, »pack alles ruff!« Die Frau zerschneidet die Wurst »ohne Darm«, schüttet die Scheibchen in eine Pappschale, gießt Ketchup darüber und garniert den fleischigen Haufen mit Chili-Kernen aus einer Plastikschüssel, auf die mit einem schwarzen Edding ein großes Ausrufezeichen gemalt ist. »Dit ist die schärfste Currywurst der Welt«, schnauft Sven nicht ohne Stolz, »so muss dit sein, knallen muss die! Wie immer!« »Wie immer« ist der Anker in Svens Sätzen, »wie immer« ist der Normalzustand und der Normalzustand ist hier bedroht. Die zwei fahlen Trinker neben uns klammern sich an die Theke wie an die Planke eines längst versunkenen Schiffes. »Berta«, schnauft Sven, »dit Schulti ist leer! Ein leeres Bier ist ein schlechtes Bier, dit weißte doch!« Berta knallt noch ein Schultheiß auf die Theke. Ich muss mich ranhalten, Sven mag ein gemächlicher Mann sein, aber hier bei Berta ist er auf Zack, also, los, dann noch ein Schultheiß, noch ne Pulle, na wunderbar, wat solls! »Ick nehm dit selbe auch noch mal«, sage ich, denn ich wohne lange genug in dieser Stadt, um zu wissen, wie man sich hier unterhält, ick bitte dich, also wirklich, ick bin hier doch nicht der Bio-Zugezogene. Prompt wird Berta zutraulicher, sie zwinkert mir zu, das ist doch ein Anfang. »Juten Zug hat dein Freundchen, Sven«, schreit sie, »wie heißt er denn?« »Patrick heißt er«, sage ich schnell, damit ich mal für mich selbst sprechen kann und Berta lehnt sich rüber zu mir: »Grüß dich, Patrick, habe dich hier noch nie jesehen, aber Svens Freunde sind meine Gäste, auch wenn sie so aussehen wie ein Student!« Berta wendet sich den zwei fahlen Trinkern auf den Barhockern zu. »Na, Rainer«, schreit sie, »haste noch genug für ein Schulti dabei?« Rainer schüttelt seinen schweren Kopf. »Ick schreibs auf, mein lieber Raini«, schreit Berta und knallt Raini ein Schulti hin. Zack, zack.

»Hier kommen alle hin«, schnauft Sven, »die sonst keinen Platz mehr in der Halle haben. Früher war dit unsere Halle, da gabs den Obststand aus Brandenburg, den hat ein alter Kumpel meines Vaters betrieben. Es gab Sülzwurst und Buletten und Döner und einen Kiosk und Bertas Currybude. Mit meinem Vater war ick jeden Sonntag bei Berta. Und auch mal montags und dienstags. Jeder kannte jeden. Die ganzen Schwaben hier kenne ick heute nicht mehr«, sagt Sven. »Ick meine, dit is doch verrückt mit dem Bio. Letztens war ick im Supermarkt, so ein kleiner Knirps hat für den Vater Milch holen sollen. Der Kleine kam mit ner Tüte angelaufen, da sagt der Alte: Nee, das ist keine Bio-Milch. Geh zurück und hol die Bio-Milch! Stell dir das mal vor!« Sven guckt mich an, als erwarte er Empörung, als hätte er mir gerade erzählt, der Vater habe von seinem Sohn verlangt, ihm Pornohefte zu bringen. »Dit ist doch ne Bio-Gehirnwäsche«, sagt Sven, er schnauft langsam und ruhig, auch wenn er wütend ist. »So was wie Bertas Currybude, so was stirbt aus«, sagt Sven. Er klingt jetzt wie Clint Eastwood in »Gran Torino«, Eastwoods letztem, großem Film, in dem er einen verbitterten Alten inmitten seiner verwahrlosenden Nachbarschaft spielt, inmitten einer Welt, die ihn überholt. Der Alte fährt einen 1972er Ford Grand Torino Sport und schimpft: »Solche Autos werden heute gar nicht mehr gebaut!« Sven sagt: »Solche Currywurst kriegst du heute nicht mehr.« Sven ist alt geworden, älter, als er alt ist. Sven strahlt Resignation aus. Wie es ihm geht? »Na ja, normal, es muss halt weitergehen! Wat soll ick sagen. Türken und Bio, dit is bald alles, was es hier noch gibt.« Sven ist umzingelt von Türken und Bio. Er spricht Sätze wie diesen: »Wat soll man machen, die da oben werden uns kleinen Leuten nicht helfen« oder »Ick will ja gar nicht viel, nur nen Ort, wo ick mein Bier trinken kann und wo die mich in Frieden lassen« und man kann es Sven nicht verdenken, dass er klagt wie die fahlen Trinker an Bertas Theke, denn Sven hat in seinem jungen Leben zwei Lektionen erteilt bekommen: dass er an dieser Welt nichts ändern kann. Und dass niemand ihn braucht. »Die« haben ihm nie geholfen.

Sven trägt grüne Arbeitskleidung, Erde klebt an seiner Hose. Er arbeitet seit zwei Jahren in einem Park im Prenzlauer Berg, wo die Bio-Eltern in der Sonne liegen. Sven steckt in einer »Maßnahme« der Arbeitsagentur. Er, zwei Alte, zwei Frauen und zwei Araber laufen jeden Tag durch den Park, entsorgen Müll, kehren Laub zusammen, schneiden Äste ab. »Gute Arbeit, ick bin draußen. Ick bin gerne draußen«, sagt Sven, der jeden Tag die zehn Kilometer in das neue Berlin mit dem Fahrrad fährt. »Ick fahre gerne Fahrrad«, sagt Sven, »dit is mein Hobby. Wenn ick frei habe, fahre ick einfach los. Einfach geradeaus. Einmal bin ick fast fünfzig Kilometer an einem Tag gefahren. Man sieht mir dit nicht an, aber ick bin fit.« Manchmal nimmt Sven auch den alten Fußball aus dem Schrank und läuft auf den Bolzplatz nebenan. Der Bolzplatz ist meist leer. Dann drischt Sven, der nie ein talentierter Fußballer war, den schlaffen Ball ein paarmal gegen den Zaun. »Ick kicke gerne«, sagt Sven. Wenn schon jemand auf dem Platz spielt, guckt Sven eine Weile zu und wenn er nicht gefragt wird, ob er mitspielen will, was nie passiert, geht er wieder nach Hause. Es ist ein trauriges Bild: Sven, wie er alleine Fußball spielt. Sven, der schon in der Pause alleine Ball spielen musste. »Ach, ick brauch nich viele Leute um mich rum«, sagt Sven, »ick komm gut alleine klar.« Es blieb ihm nie etwas anders übrig.

Diesen Herbst endet Svens Anstellung im Park, er dürfte eigentlich längst nicht mehr dabei sein, so eine Maßnahme, die in die Berufstätigkeit führen soll, aber in Wahrheit eine temporäre Beschäftigungstherapie ist, dauert normalerweise nur ein Jahr. Sven hatte Glück, dass seine verlängert wurde. Es ist ihm egal, dass er nicht mal 400 Euro im Monat verdient, er will raus, jeden Tag, er will ein Ziel haben, wenn er mit dem klapprigen Mountainbike losfährt, er will nicht zuhause sitzen, zwischen den vielen Videokassetten, die er gerade mühsam auf DVD überspielt, die vielen Asterix- und Police-Academy-Filme, die er in den letzten zwanzig Jahren aufgezeichnet hat, wenn sie im Fernsehen liefen.

»Im Amt haben die gesagt, jetzt ist jemand anderes dran«, sagt Sven. Die wollen, dass jeder mal das Gefühl bekommt, wieder in der Arbeitswelt angekommen zu sein. Von Svens Maßnahme profitiert vor allem das private Unternehmen, das für die Instandhaltung des Parks zuständig ist und vom Amt billige Arbeitskräfte geschickt bekommt. Dass Sven sich von der Maßnahme mehr erhofft hat, interessiert niemanden. Sven ist ausgebildeter Landschaftsgärtner, aber davon gibt es viele, wer heutzutage nichts wird, wird von der Arbeitsagentur zum Landschaftsgärtner, Mediengestalter oder Fitnessstudiomitarbeiter geschult. Einer der beiden Alten aus Svens Truppe ist der Vorarbeiter, weil er am längsten dabei ist. Der Alte ist langsam, sagt Sven, unmotiviert. Einmal hat der Alte zu Sven, dem man nun wirklich nicht vorwerfen kann, ein Hektiker zu sein, gesagt, er solle mal langsam machen, er sei hier auf Arbeit und nicht auf der Flucht. Das hat Sven geärgert. Warum wird er dafür gerügt, schnell und gut und gerne zu arbeiten? Also ist er zum Chef gegangen, »so nem Lackmeier«. Sven hat gesagt, er arbeite gerne schnell und wolle vom Vorarbeiter nicht aufgehalten werden. Vielleicht wäre ja Sven der bessere Vorarbeiter. Aber der Chef hat nur gesagt, Sven brauche nicht denken, er könne sich hier so aufführen. Wenn er Ärger mache, sagte der Chef, werde er sich bei der Arbeitsagentur beschweren und Sven könne ab morgen zuhause bleiben. Also schweigt Sven. Es war sein letzter, kleiner Versuch, aufzufallen.

Wie alle, die es schwer hatten, sagt Sven, er erinnere sich so gut wie gar nicht an die Grundschulzeit. Ging es ihm gut? »Hmmja, war allet okay, denke ich.« Wurde er nicht oft gehänselt? »Ach, ist mir wirklich egal, wat die anderen sagen, war schon immer so.« Was für ein Schüler war er? »Ein ruhiger, nehme ick an. Ick habe ja extreme Sehprobleme seit meiner Kindheit«, sagt Sven und kneift seine Augen zusammen, »lesen und rechnen und schreiben ist mir schwergefallen. Nur gemalt habe ich gerne.« Für die einzige Ausgabe unserer Klassenzeitung zeichnete Sven einen Comic. Ein kleiner Elefant und seine Elefantenmutter wollen schlafen, doch der kleine Elefant hat Angst. Er sagt seiner Mutter, er habe gerade einen rennenden Stein gesehen. Die Mutter glaubt ihm nicht. Später stellt sich heraus, dass der rennende Stein eine Maus ist – plötzlich hat die Mutter Angst, der kleine Elefant dagegen schläft beruhigt ein. Die Zeichnungen waren einfach, steckten aber voller Ideen und Details.

Sven kam auf eine Hauptschule, an die er sich ebenfalls kaum erinnert. Er stand meist allein auf dem Schulhof. Nachmittags fuhr er mit dem Fahrrad nach Hause, manchmal nahm er den Ball mit und drosch ihn nach der Schule gegen eine Wand. In seiner Klasse war Sven der Einzige, der jeden Tag zur Schule kam. Es war eigentlich keine feste Klasse, sondern eher ein loser Verbund aus jungen Menschen, die keinen Bock hatten zur Schule zu gehen. Sven war einer von zwei Deutschen in der Klasse. Die Mitschüler rauchten manchmal im Klassenzimmer, zur großen Pause rückte auch mal ein Mannschaftswagen der Polizei an. Sven wechselte auf eine Realschule, er bat den Vater ihm beim Schulwechsel zu helfen, Sven machte mit Ach und Krach seinen Abschluss. »Ne Vier, das war immer meine Note«, sagt Sven, »reicht ja!«

Sven durfte zwar nie ein Haustier besitzen, aber er mochte die Tiere im Zoo, zu dem er mit dem Fahrrad oft fuhr. Er wollte eine

Ausbildung zum Tierpfleger machen. Der Vater, der mit Büromö-
bel handelt und die Stiefmutter, die in einer Kneipe arbeitet, sagten ihm, er solle erst mal ein bisschen Geld verdienen. Sven half
auf dem Bau aus. Als er ein Jahr später im Zoo anrief, sagten »die«
ihm, dass er nun zu alt für eine Ausbildung sei. Sven war zweimal
sitzen geblieben und ein Jahr später eingeschult worden als geplant. Ein Jahr zuvor hätten »die« ihn im Zoo genommen, sagten
»die«. »Da hatte ick Pech«, sagt Sven, dem nie jemand zugehört
hatte, wenn er sagte, dass er gerne mit Tieren arbeiten würde, und
dem nie jemand geraten hatte, sich gleich nach der Schule im Zoo
zu erkundigen. Danach erledigte Sven wieder diverse Jobs. Der
Vater sagte Sven, er solle froh sein, wenn ihn jemand bezahlt. Die
Lehrer hatten ihm immer gesagt, er solle froh sein, wenn er nicht
noch mal sitzen bleibt. Der Sachbearbeiter der Arbeitsagentur sagte, er solle froh sein, dass man in Deutschland weich falle. Nie
fragte jemand, ob Sven vielleicht etwas vorhat mit seinem Leben.
Und Sven hatte gelernt, nur zu reden, wenn er gefragt wird. »Dit
mit den Tieren war ein Traum von mir«, sagt Sven und schiebt
gleich hinterher: »Aber Träume sind sinnlos, schau dich um, bringt
ja nichts.« Sven hatte noch einen zweiten Traum. Er war schon
ein paar Jahre zwischen Mini-Jobs und Arbeitsagentur gependelt,
da versuchte er, doch mal auszubrechen. Sven sagt, er interessiere sich für alle Gebäude, alte und neue, und er zeichne gerne.
Architekt, das wäre doch ein Beruf. »Na logisch«, sagte der Vater
damals, »und ick werde Bundespräsident.« Sven meldete sich aus
eigenen Stücken an einem Oberstufenzentrum an, er wollte sein
Abitur nachmachen. Doch er überstand das Probehalbjahr nicht.
Natürlich hatte er wieder Schwierigkeiten, in Mathe, in Deutsch,
in Geschichte. Und natürlich hat sich wieder kein Lehrer dafür
interessiert, natürlich hat niemand ihm Nachhilfe angeboten –
mein verkorkster Versuch war die einzige Nachhilfe-Stunde, die

Sven je bekommen hat – und natürlich hat Sven nicht gefragt. Sven blieb wieder mal sitzen und radelte nach Hause. Wahrscheinlich hätte es niemals fürs Abitur gereicht. Wahrscheinlich wäre Sven nie an der Universität angenommen worden. Und Herr Sontheimer hat Recht: Es muss nicht jeder Abitur machen. Aber sollte nicht jeder eine Chance bekommen, wenn er um diese Chance bittet, wenn er offenbar den Willen hat, noch mehr zu lernen, mehr zu erreichen? Sven wollte unbedingt wieder zur Schule. Das war nicht zu erwarten. Sven ist einer dieser Schüler aus der »bildungsfernen Schicht«, wie das im Pädagogendeutsch heißt. Immerzu ist davon die Rede, man erreiche diese Leute nicht. Sven jedoch stand plötzlich wieder vor der Tür einer Bildungseinrichtung. Man könnte erwarten, dass so ein überraschender Gast mit offenen Armen empfangen wird. Aber das Erste und Letzte, was Sven vom neuen Schulleiter zu hören bekam, war: »Na, da wollen wir doch mal sehen. Leicht wird das nicht für Sie!« Als hätte es Sven je leicht gehabt.

Sven ist nie gereist. »Einmal war ick in Köln jewesen, war nicht so meins.« Der Vater und seine neue Frau haben einen Wohnwagen am See, draußen, in »JWD«, wie Sven sagt: janz weit draußen. Jedes zweite Wochenende fährt er dort hin. An den anderen Wochenenden besucht er seine Mutter, die in einer kleinen Dachgeschosswohnung wohnt und mehr trinkt, als sie bezahlen kann. Die Mutter kann nicht mehr arbeiten. Sie hat die Familie früh für den Alkohol verlassen, Sven nimmt ihr das nicht übel, »man kann da nüscht machen«, sagt er, »ick kann ihr dit nicht verbieten.« Der neue Freund der Mutter ist letztes Jahr gestorben, er stürzte besoffen eine Treppe hinunter. »Wat soll man machen«, sagt Sven. Er verbringt viel Zeit mit seiner Stiefschwester, sie ist jetzt zehn Jahre alt, sie macht sich gut in der Schule. »Sie vergöttert mich«, sagt Sven,

»ist mir immer schon nachgelaufen, weiß der Teufel, warum.«
Muss ein ungewohntes Gefühl sein für ihn. Sven strahlt und bestellt
noch zwei Schultis.

Zwei »jute Kumpels« hatte Sven, beide aufm Bau kennen gelernt.
Der eine ist jetzt mit einer Russin verheiratet, die er in einem Erotik-
chat kennen gelernt hat. »Die macht ihn fertig«, schnauft Sven,
»bummst wahrscheinlich wie ne Granate, aber hält ihn an der kurzen Leine.« Den Kumpel hat er schon lange nicht mehr gesehen.
»Weiber halt«, sagt Sven. Der andere Kumpel ist nach Frankfurt
gezogen, am Main oder an der Oder, Sven weiß es nicht so genau,
zu weit, um mit dem Fahrrad hinzufahren. Der Kumpel hat da einen Job als Lagerist gefunden. »Arbeit und Weiber, beides Gift
für Freundschaften«, sagt Sven, der beides nie hatte, Weiber nicht
mal für eine kurze Zeit. Es gibt keine Maßnahme, um Weiber kennen zu lernen. »Im Puff oder im Internet lernste ja nicht die Richtige kennen«, sagt Sven, »hat aber Zeit, eins nachm anderen, wat
soll ick jetze mit ner Frau, erstmal gucken, was passiert.«
In wenigen Tagen läuft die Maßnahme aus. Hat er mal nachge-
fragt beim Sachbearbeiter, ob es nun weitergeht für ihn oder
nicht? »Nee«, sagt Sven, »die haben sich noch nicht gemeldet.«
Mal sehen, was »die« nun mit ihm vorhaben. Sven hat nichts mehr
vor.

»Weil du vorhin gefragt hast«, sagt Sven, als Berta gerade ankün-
digt, dass die beiden Schultis, die sie uns hinknallt, die letzten für
heute sind, weil die Markthalle schließt, »also, weil du gefragt hast,
wat so schöne Erinnerungen sind aus den letzten zwanzig Jahren:
Ick erinnere mich zum Beispiel an meinen achtzehnten Geburtstag.
Damals war ick mit Vater noch in einem Kegelverein. Der Kegelverein wurde kurz danach aufgelöst, weil die nie gezahlt haben und

die immer dachten, dass wir uns um alles kümmern. Na ja, aber an meinem Achtzehnten, da wollten die alten Herren noch zusammen eine Feier für mich schmeißen. Ick hatte schon so ne Ahnung, ick hatte gehofft, dass Vater mir dieses Geschenk macht, nur so richtig dran geglaubt habe ick nicht. Aber dann kam wirklich eine Stripperin! Für ne ganze Stunde! War geil gewesen. Das war mal ne positive Überraschung! Vielleicht gibt's das zum Dreißigsten bald auch.«

Berta schreit: »So, die Herren, Feierabend!«

Wir taumeln aus der Markthalle. Erst Cem, jetzt Sven: Mit den Problemschülern wird getrunken. Was wünschst du dir von der Zukunft, Sven, frage ich. »Einen Job«, schnauft Sven, »mehr nicht!« Keine Wohnung? »Erst den Job, dann die Wohnung. Aber ick fühle mich wohl zuhause, ick brauche nicht viel Platz, ick verstehe mich gut mit Vater. Nee, dit Wichtigste ist jetzt ein Job, damit ick nicht sinnlos durch die Gegend fahre mit meinem Fahrrad. Einfach nur ein Job!«

»Und es wäre schön, öfter mal wieder was trinken zu gehen, so wie heute Abend«, sagt Sven, »letztes Jahr hatte ick einen Kollegen, mit dem bin ick jeden Abend nach der Arbeit richtig picheln gegangen. Einfach nur picheln und quatschen. Ick weiß nicht, wo der jetzt ist!«

Ich könnte sagen: Wir beide können doch bald mal wieder was trinken gehen, Sven. Es wäre gelogen. Wir werden nie wieder zusammen losziehen. Es ist anstrengend, für uns beide. Sven muss sich rechtfertigen. Dafür, dass er noch zuhause wohnt. Dafür, dass die Schultis nur so mittelkalt waren. Dafür, dass er bald dreißig ist und nicht mal in der Nähe eines Ziels. Dafür, dass es ihm trotzdem gutgeht. Und ich muss mich auch rechtfertigen, glaube ich zumindest. Dafür, dass ich die Probleme, die Sven hat, nicht habe. Dafür, dass ich die Probleme, die ich habe, für Probleme halte, obwohl sie das nicht sind, verglichen mit Svens Problemen. Dafür, dass ich aussehe wie ein Biodepp. Schon damals, als ich zur Englischnachhilfe kam, wusste ich, dass ich bei Sven nichts zu suchen habe. Und Sven wusste, dass es eh nichts bringt. Schon damals hatte ich ein schlechtes Gewissen. Weil es mir besser ging und weil ich nicht helfen konnte. Weil wir Sven ignoriert haben und weil ich mir wünschte, nicht bei ihm zu sein.

»Meine Stiefmutter konnte sich an dich erinnern«, sagt Sven, »sie hat gesagt, du seist doch der Junge, der versucht hat, mich zu nem Genie zu machen. Hat heute wohl wieder nicht geklappt!« Ich sage Sven, dass man kein Genie sein muss, um durchs Leben zu kommen, »es wird schon«, sage ich. »Klar«, sagt Sven, »muss ja. Mein Vater sagt immer, früher wäre für Leute wie mich noch Platz gewesen in der Welt. Es hätte Arbeit gegeben. Heute musst du ein Genie sein, um Arbeit zu haben, dit meine ich.« Ich sage: »Ich bin auch kein Genie. Ich kenne keine Genies.« Sven sagt: »Kommt auf die Perspektive an. Für mich warste ein verdammtes Genie damals. Ihr alle wart Genies für mich. Sogar Ahmed war ein Genie, in Mathe und Fußball, verglichen mit mir.«

An Ahmed erinnert sich Sven, dem sonst keine Namen mehr einfallen. »Leider habe ick den nicht vergessen«, sagt er, »den habe ick auf der Realschule wiedergetroffen. Der hat mich verfolgt. Er und sein kranker Bruder. Die kamen sich vor wie die Größten. Wollten mich lächerlich machen vor der ganzen neuen Klasse. Ick musste mich oft wehren gegen die Knalltüte!« Sven, der die Türken hasst wie die Bioläden, hatte am längsten mit Ahmed und Abdul zu tun.

Sven war in unserer Klasse außen vor. In den Außenseiterschulen, die er danach besuchte, wurde es noch schlimmer.

Wenn man so will, hatte Sven immer schon ein Integrationsproblem.

10.

Ach, Ahmed

Am Tag, an dem ich Ahmed endlich wiedersehe, erfahre ich von meiner Freundin, dass sie schwanger ist. Beides kommt überraschend.

Meine Freundin ruft mich morgens an, als der Frauenarzt ihr gerade den Grund für ihre anhaltende Übelkeit genannt hat. Einen 17 Millimeter großen Fleck Leben. Wir sagen beide nicht viel. »Das ist ja toll«, sage ich. »Finde ich auch«, sagt sie. »Aber auch verrückt«, sage ich. »Ja«, sagt sie, »bis heute Abend!« »Bis später«, sage ich und ahne, dass gerade eine neue Zeitrechnung begonnen hat.

Am Nachmittag, auf dem Heimweg, stelle ich mich in die Warteschlange beim Bäcker in der Nähe unserer Wohnung. Die breiten Schultern des Mannes vor mir lassen sein weißes Hemd spannen. Als er an der Reihe ist, seine Bestellung abzugeben, erkenne ich Ahmeds Stimme: »Ein Stück von diesem geilen Erdbeerkuchen!«

»Klingt lecker«, sage ich.

Ahmed dreht sich um. »Boah, Alter, bist du ein Stalker, oder was?«
Er fängt schon wieder an zu erklären, dass er gleich weiter muss,
aber dass wir uns verabreden sollten. Doch er kommt um den Kaffee diesmal nicht herum. »Na gut, ich habe ein bisschen Zeit«, sagt
er, »und hey, es tut mir leid, dass ich mich noch nicht gemeldet
habe, es ist einfach immer was zu tun. Ich hätte dich bald angerufen, wirklich, Ehrenwort.« Aber Ahmed muss darüber selbst lachen. »Bald«, sagt er, »heißt auf Türkisch etwas anderes als auf
Deutsch, das weißt du doch!«

Ahmed sieht anders aus als vor vielen Wochen im Park. Das gebü-
gelte weiße Hemd ist in eine Anzugshose gesteckt, die Turnschuhe
hat er gegen Lederslipper getauscht. »Ich komme von einem Ge-
schäftstermin«, sagt er. Es muss sich um ein anderes Geschäft han-
deln als das im Park. Oder Ahmed ist in der Hierarchie des Parks
aufgestiegen.

Ich habe in den letzten Wochen viele Fragen gehabt, die ich Ahmed
stellen wollte. Jetzt, als er vor mir sitzt, fällt mir keine Einzige ein.
Ich denke immerzu an diesen 17 Millimeter großen Fleck, den meine Freundin auf dem Ultraschallbild gesehen hat. Ich denke an die
nächsten Wochen, die nächsten Monate, die nächsten Jahre, den
Rest meines Lebens. Unseres Lebens, muss es nun wohl heißen.

»Was ist los mit dir?«, fragt Ahmed. »Tut mir leid«, sage ich, »ich
bin ein bisschen durcheinander. Ich habe heute erfahren, dass ich
Vater werde.«

Ahmed haut mir auf den Rücken, dass mir der Erdbeerkuchen wieder hochkommt.

»Geile Sache, Alter. Willkommen im Club! Junge oder Mädchen?«

»Ich glaube, das weiß man noch nicht.«

»Stimmt, das dauert. Ich bete für dich, dass es ein Junge wird, man braucht auf jeden Fall einen Jungen. Deswegen müssen meine Frau und ich bald ein zweites Kind machen. Ich liebe mein Mädchen, aber ich brauchen einen Sohn!«

»Warum?«

»Was stellst du wieder für Fragen, Alter! Warum, warum, warum? Weil! Damit ich einen Nachfolger als Familienoberhaupt habe. Damit ich am Wochenende auf den Fußballplatz gehen kann statt zum Ballett. Damit ich später jemanden zum Abhängen und Wasserpfeiferauchen habe. Damit es jemanden gibt, der meinen beschissenen Hof übernimmt.«

»Welchen Hof denn?«

»Den beschissenen Bauernhof, den ich nicht habe. Mann, du Superchecker, ich bin ein Anatole, wir sind Bauern, das wird man nie los!«

Ahmeds Selbstironie, wie eh und je, bringt mich zum Lachen, zum ersten Mal an diesem Tag, den ich wie betäubt erlebe.

»Alter«, sagt Ahmed, »ich sage immer: Jungs machen Jungen und Männer machen Mädchen. Wenn ich mir dich so anschaue, wird's ein Junge, keine Sorge!« Diese Sorge gehörte noch gar nicht zu den vielen Sorgen, die ich mir mache. Ahmed beobachtet mich belustigt. »Wahnsinn, ich glaubs nicht, der kleine Patrick wird Vater! Als ich vor drei Jahren die Nachricht von meiner Frau bekam, habe ich zwei Tage Paranoia geschoben. Bin gar nicht nach Hause gegangen. Schau dich an, kreidebleich bist du! Wir sollten was anderes als Kaffee trinken!«

Wir laufen ein paar Querstraßen weiter, »in mein Stammcafé«, sagt Ahmed. Sein Stammcafé ist eigentlich ein Spielcasino. Der vordere Raum ist vollgestellt mit blinkenden Automaten. Im Hinterzimmer stehen zwei Sofas und eine beeindruckende Sammlung von Wasserpfeifen. »Son Durak«, der Name des Cafés, bedeutet übersetzt »ohne Ende«. Die Nächte nehmen hier kein Ende, weil Ugur, der Betreiber, den Ahmed als »mein bester Türke« vorstellt, im »Son Durak« lebt, obwohl er auch noch eine kleine Wohnung nicht weit von seinem Café hat. Doch er schließt das Son Durak meist nur zwischen sieben und zehn Uhr morgens und legt sich kurz in der kleinen Bürokammer ab oder zockt weiter Autorennen auf der Playstation, die glüht, weil seine Gäste gerne gegen Ugur Rennen fahren, wenn sie nicht vor den Automaten sitzen oder zur Erholung ein paar Züge Apfeltabak aus der Wasserpfeife nehmen.

»Ohne Ende«, sagt Ahmed, »kann man hier alles machen. Ohne Ende ist nicht immer gut, das kannst du mir glauben!« Ugur sagt: »Ahmed hat Automatenverbot. Er spielt zu gut. So gut, dass er denkt, er könnte meine Automaten leer machen, dabei macht er nur seinen Geldbeutel leer, das schwöre ich dir. Bei anderen Gästen würde ich nichts sagen, aber Ahmed ist wie ein Bruder, ich will nicht, dass ein Bruder pleite geht.« Ahmed sagt: »Hör mir auf mit Bruder, Ugur. Alter, ich habe mit meinem Bruder schon genug zu tun, ich brauche nicht noch einen!«

Ugur, ein kleiner Mann mit Stoppelfrisur, dessen Gesicht die trübe Farbe der Monitore in seinem Café angenommen hat, sitzt auf einem Hocker auf dem Gehweg. Es ist noch zu heiß an diesem Sommertag, um im Hinterzimmer des Son Durak zu versacken. Neben Ugurs Hocker liegen Zigarettenstummel und die Schalen der Sonnenblumenkerne, die er knabbert, wenn er gerade keine Kippe im

Mund hat. Einige Männer, die Jungs geblieben sind, stehen um Ugur herum und drücken gelangweilt auf ihren Mobiltelefonen herum. Immer mal wieder erzählt Ugur kurze Geschichten, die witzig sein müssen, denn die Jungs blicken dann von ihren Telefonen hoch und lachen sehr laut. Ugur erzählt seine Geschichten auf Türkisch, nur manchmal höre ich ein paar deutsche Begriffe aus den hastigen Sätzen heraus: »Antragsformular« oder »Kosten-Nutzen-Rechnung«, »Geschwindigkeitsbegrenzung« oder »Hausverwaltung«. Es sind Begriffe, die im Türkischen offenbar nicht existieren, aber die in Ugurs Alltag eine große Rolle spielen müssen. Die Autos der Jungs stehen währenddessen in zweiter Reihe vor dem Café, es sind glänzende Autos namhafter Hersteller, mit silbernen Felgen und getönten Scheiben. Autos sind hier wichtig. Jedes, das vorbeifährt, mustern die Jungs sehr genau. In jedem zweiten sitzt jemand, der ihnen zunickt. Wenn ein Auto besonders laut röhrt, nicken die Jungs anerkennend zurück. Das Café »Son Durak« ist eines dieser Lokale in Neukölln, die man im Vorbeigehen für einen Geldwäschebetrieb halten kann, weil die Dauergäste offenbar nichts zu tun haben außer ihre Zeit zu verspielen und trotzdem so gut zu verdienen scheinen, dass sie mehrere zehntausend Euro für ihre Autos ausgeben können, denen sie am Wochenende in der Waschstraße all ihre Liebe widmen. Es sind Lokale, die nicht einladend wirken, wenn man nicht eingeladen ist. Und man wird nicht eingeladen, wenn man nicht zu den Jungs gehört. Die Jungs vor dem Son Durak beachten mich jedoch nicht. Ahmed ist wohl mein Bürge. »Wahrscheinlich bist du der erste Deutsche im Son Durak«, sagt Ahmed, als wir das Café betreten, in dem dichter, süßer Rauch steht und die Automaten monoton vor sich hin dudeln, »ein historischer Moment, Alter!« Ahmed geht hinter die verwaiste Bar und mischt uns zwei Cuba Libre. »Die gehen aufs Haus! Ich habe Ugur schon genug Geld dagelassen!« Draußen scheint die Sonne. Und wir sitzen in einem abgedunkelten Spielcasino und trinken schlechten Rum mit abgestandener Cola. Ich sollte lieber nüchtern bleiben. Ich kann nicht betrunken nach Hause kommen. Nicht schon wieder. Nicht heute. Aber Alkohol scheint auch bei diesem Wiedersehen nötig zu sein, um Hemmungen fallen zu lassen, die es zu Grundschulzeiten nicht gab. Ahmed und ich sitzen inmitten des Blinkens und Dudelns und schauen uns etwas ratlos an. Früher saßen wir am Rand des Sandkastens und redeten drauflos, wir mussten über wenig nachdenken. Wir wussten nichts von der Welt und nichts von den Welten, die uns trennten. Heute denke ich so viel nach, dass ich nicht weiß, was ich sagen soll.

»Was arbeitest du denn?«, frage ich schließlich.

»Alles mögliche«, sagt Ahmed, »ich habe den Realschulabschluss gemacht. Dann war ich mal Komparse, habe gekellnert und mich als Modedesigner versucht mit einem Kumpel zusammen. Wir haben T-Shirts auf dem Flohmarkt verkauft. Ich habe danach an der Tankstelle gearbeitet und jetzt gerade plane ich mit einem anderen Kumpel zusammen, ein Café zu eröffnen. Ich war vorhin bei der Bank. Wir wollen Männern ein Wohnzimmer bieten, denen im eigenen Wohnzimmer langweilig ist. Es soll ein bisschen so werden wie das Son Durak. Nur mit einem Ende. Ich muss ja nach Hause, auf mich wartet jemand, auf Ugur nicht.« Ahmeds Café soll »Café Amaç« heißen, Amaç bedeutet: Ziel. Ahmed sagt, es sei an der Zeit, dass er etwas Dauerhaftes findet. Eine Frau hat er schon. Jetzt braucht er einen festen Job. Er habe sich gefragt, was er am liebsten mache, und am liebsten sei er eben im Café. Natürlich könnte er auch sofort im Son Durak arbeiten, »aber ich will was Eigenes, ich habe keinen Bock mehr auf Chefs und Arbeitslosengeld. Ich bin ein Macher. Ich habe viel auf die Beine gestellt in den letzten Jahren, auch wenn du mir das nicht glaubst.«

»Doch, doch«, sage ich.

»Lüg nicht«, sagt Ahmed, »ich weiß, was du denkst. Ich weiß doch, wo der Hase läuft in diesem Land.«

»Wie er läuft«, sage ich.

»Besserwisser«, sagt Ahmed und nimmt den letzten Schluck aus seinem Glas. Er ist der Lustige, ich der Besserwisser. Fast wie damals.

»Noch mal zu der Sache mit dem Park«, sagt Ahmed.

»Ich mache dir gar keinen Vorwurf«, sage ich.

»Lass mich ausreden! Du glaubst hoffentlich nicht, ich würde da Drogen verkaufen. Sehe ich aus wie ein Araber?«

Ahmed will es noch mal klarstellen: Ein Bekannter von ihm, ein Libanese, »was sonst«, sagt er, »aber der Einzige, der nicht krank im Kopf ist«, arbeitet im Park. Er besuche ihn ab und zu. »Ich kenne viele Leute. Kreuzberg und Neukölln, das sind meine Ecken von Berlin, meine Heimat, ich weiß, was hier läuft. Ich tue dies und tue das«, sagt Ahmed, der Junge, der schon immer mal dies und mal das erzählte.

»Deine Eltern wohnen auch nicht mehr in Kreuzberg«, sage ich.

»Du weißt ja alles über mich«, sagt Ahmed, »voll unheimlich!« Die Eltern sind an den Stadtrand gezogen, sagt er, in der Straße sei alles zu teuer geworden. Jetzt haben sie einen kleinen Garten. Wenigstens einen kleinen Garten. Das sei ihr Happy End in diesem Land.

»Wie geht es deinen Eltern?«, frage ich.

»Normal«, sagt Ahmed und sein Blick verrät, dass er mit meiner Frage nichts anfangen kann, so wie er mit meinen Fragen noch nie etwas anfangen konnte, »meine Mutter kocht den ganzen Tag, ihre Hüfte macht Probleme, aber sonst geht's ihr gut. Und mein Vater ist mein Vater, du kennst ihn. Er muss arbeiten. Jetzt ist er in Rente und arbeitet den ganzen Tag im Garten.« Ahmeds Vater ist kein Mann, den man fragt, wie es ihm geht.

»Und die Jungs hier«, frage ich, »womit verdienen die das Geld, mit dem sie ihre Autos bezahlen?«

Ahmed knallt sein leeres Glas auf den Tresen.

»Diese Fragen, Alter! Mein Vater sagt auch immer, das seien doch Kriminelle, Mafia. Ey, jeder Einzelne von den Jungs arbeitet verdammt hart für sein Geld. Hier gibt es einen Busfahrer, einen Maler, Geschäftsleute, und auch ein paar Typen, die man lieber nicht fragt, was sie letzte Nacht getan haben, aber alle sind sauber. Du gibst dein Geld für Bücher oder schwule Klamotten aus. Die geben ihr Geld für Autos aus.« Ahmed sagt, er besitze kein Auto. Aber auch die Jungs mit Auto seien keine Verbrecher.

Ein paar Häuserblocks entfernt vom Café Son Durak wurden wenige Monate zuvor in einer besonders dunklen Nacht 18 Schüsse abgefeuert. Es handelte sich vermutlich um eine Schießerei zwischen Angehörigen zweier verfeindeter arabischer Großfamilien. Einer der Verletzten, die von der Polizei gefunden wurden, war ein Libanese, der von Polizei und Medien »Mahmoud R.« getauft wurde, Berlins wohl bekanntester »Intensivtäter«, wie besonders notorische Kriminelle genannt werden. In über achtzig Fällen war gegen den jungen Mann, Ende zwanzig, schon ermittelt worden, meist wegen Körperverletzung. »Ich kann dir die Läden zeigen, wo solche Leute rumhängen«, sagt Ahmed, »aber wir sind nur langweilige Türken. Wir sind hier zuhause und haben keinen Bock auf asoziale Ausländer!«

Für Ahmed ist das Café Son Durak der einzige Ort, an dem er nicht gefragt wird, was er den ganzen Tag gemacht hat. Zuhause fragt das die Frau. Am Stadtrand im Gärtchen seiner Eltern fragt das der Vater. Im Amt fragt das der Beamte. »Für mich ist das Café Freiheit«, sagt Ahmed, »mir geht es gut. Ich mache jeden Tag was anderes. Mein Vater versteht nicht, dass ich ein anderes Leben leben will als er.«

Ahmeds Vater war nach Deutschland gekommen, weil ihm hier Arbeit geboten wurde. Ahmed ist in Deutschland auf der Suche nach Arbeit, die ihm etwas bietet. Mehr als nur Geld. »Ich will mich ausleben können«, sagt er, »mein Problem war immer, dass ich keine Geduld habe.« Im Unterricht wippte er mit dem Stuhl, bis er umkippte und auf den Rücken knallte. Fast jeden Tag knallte er auf den Rücken, stand wieder auf und gluckste. Er hasste es, zu lernen und er hasste es zu warten. »Ich hatte nicht mal Geduld, mir nach der Schule zu überlegen, was ich machen will. Ich habe einfach gemacht!« Ich frage Ahmed, ob er gerne studiert, gerne eine Ausbildung gemacht hätte, ob er verpassten Chancen nachtrauert. »Ach, Quatsch«, sagt er, »ich trauere nur Mädchen nach. Alter, du musst verstehen, dass es für mich nur zwei Möglichkeiten gab: Schuften ohne Ende oder Café ohne Ende. Verstehst du?« Ahmed konnte entweder das machen, was sein Vater gemacht hatte und von ihm erwartete. Oder das Gegenteil davon. »Türken gelten in diesem Land entweder als Arbeiter oder als Asoziale«, sagt Ahmed, »das nervt mich, Alter. Es gibt doch auch etwas dazwischen. Das hier, das Café Son Durak ist Deutschland, deutscher Alltag, Mann. Fang mir nicht mit der Integration an, ich bin integriert hier. Du bist im Café nicht integriert, ich bin nicht an der Uni integriert. So ist der Deal!«

Ich sage Ahmed, dass ich diesen Deal merkwürdig finde. Es sollte doch nicht nur etwas zwischen »Arbeitern« und »Asozialen« geben, sondern auch etwas darüber. »Bundeskanzler, oder was«, schreit Ahmed. »Von mir aus«, sage ich, »Arzt, Manager, Imker, Pilot, mir egal. Fatih ist doch auch Architekt, Arzu ist Lehrerin geworden.«

»Hör mir auf«, unterbricht mich Ahmed, »Ausnahmen bestätigen das Gesetz …«
»Ausnahmen bestätigen die …«
»Halt die Klappe«, sagt Ahmed, »ich weiß: die Regel!«

»Das Ding ist«, sagt er, »dass du deutsch werden musst, wenn du Karriere machen willst als Türke. Du musst deutsch reden, deutsch denken, deutsch essen. Fatih konnte doch schon in der ersten Klasse perfekt Deutsch und Arzu war ein Klon von Anna. Das waren keine echte Türken.«
»Du bist doch auch kein echter Türke«, sage ich.
»Sei jetzt lieber vorsichtig, was du sagst«, sagt Ahmed, »ich habe zwar den deutschen Pass, aber eine türkische Seele!«

Der Vater sagte ihm schon in der Grundschule, er solle sich zusammenreißen, immer artig sein, sich ein Vorbild an seinem Cousin nehmen und eine Lehre machen. Dann könne er bei ihm im Betrieb anfangen. Wie ein richtiger Türke. Herr Sontheimer sagte Ahmed in der Grundschule, er solle sich zusammenreißen, sich besser benehmen und sich ein Vorbild an den Klassenbesten nehmen, dann schaffe er es aufs Gymnasium. Wie ein richtiger Deutscher. Aber Ahmed wollte nicht aufs Gymnasium und nicht in den Betrieb. »Mich hat nie jemand gefragt, was ich wollte«, sagt er, »mir haben die immer nur gesagt, was ich nicht darf.« Niemand hat Ahmed

174

etwas zugetraut. Nur die Jungs vor dem Son Durak trauen ihm was zu. »Ahmed, du Professor«, ruft einer, »wie heißt dieser eine Maler, du weißt schon, der Teuerste. Mit blauer Phase, roter Phase, grüner Phase.« »Picasso heißt der, lan«, ruft Ahmed zurück. »Siehst du«, sagt er zu mir, »du hältst mich für einen Idioten, die halten mich für schlau.« Ich sage, dass ich ihn doch gar nicht für einen Idioten halte. Aber Ahmed hat sich von mir noch nie etwas sagen lassen. »Erzähl mir nichts«, sagt er. Er will mir dann zeigen, dass er es trotzdem zu etwas gebracht hat, dass er ganz bürgerlich wohnt. »Langweilig«, sagt Ahmed. Ich glaube, er denkt noch immer, dass ich ihn für einen skrupellosen Dealer halte. Ich sage ihm nicht, dass ich längst weiß, wo er wohnt.

»Wunder dich nicht, falls wir Abdul über den Weg laufen«, sagt Ahmed, als er die Haustür aufschließt, vor der ich schon vergeblich auf ihn gewartet habe, »er wohnt auch hier im Haus. Ich habe ja gesagt, dass ich ihn nicht aus den Augen lasse.« Aber seitdem Abdul sich nicht mehr so oft aufregt, hat er auch keine Asthmaanfälle mehr. Abdul hat sich jetzt sogar bei der Polizei beworben. »Dann würde er mal die Richtigen verkloppen«, sagt Ahmed.

In der Küche sitzt Ahmeds Frau. Die Tochter schläft. »Abdul hat zwei Kinder«, sagt Ahmed, »zwei Söhne, der Glückspilz!« Die Frau sagt, sie hätten doch auch Glück mit ihrer Kleinen. »Ja, ja, ich weiß«, sagt Ahmed. Die Frau ist ebenso braun gebrannt wie Ahmed, ihre Haare sind blondiert und gelockt, sie trägt ein enges Oberteil – und macht keine Anstalten, Tee zu kochen, wie Ahmed es einst angekündigt hatte, als er mich zu sich einlud. Die Wohnung ist spärlich eingerichtet, Fotos der Tochter hängen an der Wand, sonst ist kaum etwas Persönliches zu entdecken. »Ahmed, mein Süßer, ich muss los«, sagt die Frau, »du passt auf, ob sie aufwacht, ja?« Ahmed murmelt etwas. »Gibst du deiner Freundin keinen Kuss, wenn sie geht«, fragt die Frau. Ahmed schmatzt ihr auf die Wange.

»Deine Freundin?«, frage ich, als die Tür ins Schloss gefallen ist.

»Wir sind nicht verheiratet«, sagt Ahmed, »aber wir kennen uns fast unser ganzes Leben. Wir haben schon zusammen auf der Straße gespielt, als wir ganz klein waren. Sie war immer ein süßes Mädchen.«

»Du hast immer von deiner Frau gesprochen. Ich dachte, ihr seid verheiratet.«

»Verheiratet oder nicht. Ist doch egal. Mann, du solltest wissen, dass man nicht jedes Wort von mir auf die Waage legen sollte«, sagt Ahmed.

»Auf die Goldwaage«, sage ich.

Ahmed verdreht die Augen.

Ahmeds Frau, die eigentlich seine Freundin ist, arbeitet in einem Schönheitssalon. Ihre Eltern fragen jede Woche, wann Ahmed sie denn heiraten werde, aber Ahmed hält nichts von der Ehe. »Wieso sollte ich so viel Geld für ein Fest ausgeben«, sagt er, »wenn ich nicht an Allah und die ewige Treue glaube.«

»Das klingt eher deutsch als türkisch«, sage ich.

»Nein, das klingt berlinerisch«, sagt Ahmed.

Abdul sei anders. Der habe früh geheiratet und während Ahmed sich immer weniger für die religiösen Bräuche seiner Familie interessierte, sei Abdul immer gläubiger geworden. »Der fastet auch noch«, sagt Ahmed, »wahrscheinlich ist er deshalb zweimal mit einem Sohn belohnt worden.«

Wenig später kommt Abdul in den zweiten Stock runtergelaufen, um etwas abzuholen. Er ist nicht mehr bleich, jedenfalls sieht man das nicht, er ist sonnenstudiogebräunt, offenbar ein Familienbrauch. »Hey«, sagt er zur Begrüßung, »die Kartoffel ist zurück!« Abdul fragt, was wir gemacht haben. »Kuchen gegessen und einen Cuba Libre getrunken«, sage ich. Ahmed wirft mir einen strengen Blick zu. »Patrick hat einen Cuba Libre getrunken, das stimmt! Er ist heute ziemlich aufgeregt!« »Wo habt ihr euch denn wiedergetroffen nach so langer Zeit«, fragt Abdul. Ich will gerade von der Begegnung im Park erzählen, da sehe ich wieder Ahmeds strengen Blick. »Im Supermarkt«, sagt er. »Ja genau, im Supermarkt«, sage ich.

»Spinnst du«, sagt Ahmed, als Abdul wieder gegangen ist, »mein Bruder rastet aus, wenn er hört, dass ich Leute im Park kenne und mitten am Tag Alkohol trinke. Das ist ein frommer Mensch!« Zwei Brüder, der eine schwach, der andere stark, mussten getrennt werden, damit sie keinen Ärger machten. In der Realschule besuchten sie dann gemeinsam eine Klasse. Es gab Ärger. Aber nachdem Abdul fast von der Schule geflogen war, weil er einen Jungen in einen großen Restmüllcontainer gehoben hatte, wurde er ruhiger. Ahmed wurde immer ungeduldiger. Es scheint, als müsse Abdul heute auf Ahmed aufpassen.

»In der Realschule haben wir Sven wiedergetroffen«, sagt Ahmed, »dieses Opfer!« Ahmeds Gerede geht mir spätestens in diesem Moment auf die Nerven. Sein Gerede von einer Welt, in der »Opfer« ein Schimpfwort ist und man lieber Täter ist, als zu den Opfern zu gehören. Das Wimmern von Ahmeds Tochter aus dem Schlafzimmer erinnert mich daran, dass ich längst zuhause sein sollte. Meine Freundin wartet auf mich. Mein Leben hat sich an diesem Tag schlagartig verändert, und statt ihren Bauch zu bestaunen, der sich noch gar nicht verändert haben kann, sitze ich bei Ahmed.

»Du musst gehen, oder?«, fragt er und es klingt, als würde er hoffen, dass es so ist. Es ist kein schönes Wiedersehen zwischen uns, es ist kein Wunder, dass es so lange gedauert hat, bis wir hier saßen. Es wird bloß deutlich, was wir beide ohnehin schon geahnt haben: Wir haben uns nichts zu sagen. Die Gemeinsamkeiten wurden mit jedem Jahr weniger. Oder: Mit jedem Schuljahr wurden die Unterschiede deutlicher. Wer weiß, ob wir Freunde geblieben wären, wenn Ahmed mit mir aufs Gymnasium gekommen wäre. Wir waren Freunde, weil wir viel Zeit miteinander verbringen mussten in stickigen Klassenräumen und sie uns gegenseitig gut vertreiben konnten. Ich bin froh, Ahmed kennen gelernt zu haben. Ich habe viel gelernt über das Leben, das seine Familie lebt. Ich habe viel mitgenommen aus der Zeit mit ihm. Ich habe bei ihm zuhause immer gemerkt, dass ich anders lebe. Das fand ich interessant. Ich kann mir aber vorstellen, dass dieselbe Erkenntnis für Ahmed frustrierend war.

Zum Abschied sagt Ahmed, in den nächsten drei Jahren müssten sie umziehen, in einen der besseren Bezirke der Stadt. Bevor die Tochter in die Schule kommt. »Ich stecke die doch nicht hier auf so eine kaputte Schule mit all den Türken und Arabern. Eine Privatschule wäre geil!«

Selbst Aylin hatte das gesagt, als wir vor ihrer Wohnungstür standen: Ihr Sohn solle auf keinen Fall auf die Schule neben dem Neubauklotz, in dem sie leben. »Da sind nur gestörte Ausländer«, hatte Aylin, die überzeugte Kreuzbergerin, gesagt.

Auch Sibel, die um jeden Preis in ihrem Bezirk bleiben will, sagte: »Wir müssen uns was überlegen, wenn der Kleine in die Schule geht. Die Kinder hier haben keine Manieren!«

Es ist paradox. Die gut situierten, überwiegend deutschen Eltern flüchten vor den Kindern von Ahmed, Aylin und Sibel, die zuhause mehr Türkisch als Deutsch sprechen. Und meine ehemaligen Mitschüler flüchten vor den trostlosen Schulen, die so entstehen. Offenbar will wirklich niemand mehr sein Kind in Kreuzberg oder Neukölln zur Schule schicken. Aber den meisten bleibt nichts anderes übrig.

Ich sage Ahmed, dass ich seinen Plan absurd finde. Statt sich irgendwann für eine Privatschule zu verschulden, in einem Bezirk, in dem er sich so bald keine Wohnung wird leisten können, soll er sich doch lieber dafür engagieren, dass die Schulen bei ihm in der Nähe, in seiner so oft zitierten »Heimat«, ausreichend Unterstützung bekommen.

»Würdest du dein Kind hier zur Schule schicken?«, fragt Ahmed trocken.

»Ich denke schon«, sage ich.

»Warte mal ab, bis es soweit ist«, sagt Ahmed, »jede Wette, Alter, dass du ins Kartoffelland fliehen wirst!«

11.

Theorie und Praxis

Seit der Geburt meines Sohnes verspüre ich ein Glück, das ich nicht kannte. Aber auch Sorgen, die mir unbekannt waren.

Die Welt, auf die er gekommen ist, erscheint mir noch brutaler als zuvor. Ich meine nicht nur die großen Nöte; Hunger, Umweltzerstörung, Atomkraft, Euro-Krise, Libyen-Krieg. Ich meine auch das kleine Elend. Plötzlich fällt mir auf, wie unerträglich laut die Autos an der Kreuzung vor unserem Balkon beschleunigen. Ich sehe Hundehaufen auf dem Gehweg, die ich vorher blind umsteuert habe, und rege mich stundenlang über Nachbarn auf, die ihren Sperrmüll an den nächsten Baum lehnen. Die meisten Menschen, die mir auf der Straße begegnen, kommen mir kaputt vor und laut und unberechenbar. Die Alkoholiker auf ihren Plastikstühlen vor der Eckkneipe, die ich früher als die letzten Relikte des alten Neuköllns belächelte, bringen mich jetzt mit ihrem Gejohle dazu, nachts die Polizei zu rufen. Die Dealer und Junkies in der U-Bahn lassen mich immer häufiger das Auto nehmen. Zuhause herrscht eine zarte Familienidylle, ich sehne mich auch vor der Haustür nach mehr Harmonie. Die besondere Mischung aus coolen Läden und türkischen Spielhallen, aus Studenten und Kreativen, Arbeitslosen und Kleinkriminellen, für die ich den Teil von Neukölln, in dem wir leben, geschätzt und verteidigt habe, erscheint mir nun manchmal wie ein schwer erträgliches, menschenfeindliches Chaos.

Natürlich will ich, dass mein Sohn, wenn er laufen kann, zum Spielen alleine auf die Straße gehen kann, in der er wohnt. Natürlich schätze ich jetzt kinderfreundliche Cafés und saubere Spielplätze, Zebrastreifen und gut sortierte Supermärkte. Ich denke, das sind die normalen Bedürfnisse junger Eltern, die den Anspruch haben, ihrem Kind einen halbwegs angenehmen Alltag zu bieten. Zu einem egozentrischen Spießer bin ich deshalb noch nicht mutiert und selbst wenn ich mir ein Carloft leisten könnte, würde ich nicht mal darüber nachdenken. Ich bin weiterhin irritiert, wenn ich von Bekannten höre, Menschen aus Medien und Wirtschaft, die sich verschulden, nur damit ihre Kinder Privatschulen besuchen und ihre Kleinfamilien in so genannten Townhouses wohnen können, in Apartments, die von Zäunen und Portiers vom schmutzigen Rest der Stadt getrennt sind. Aber auf Dauer brauchen wir ein Zimmer mehr und ich gebe zu, dass ich mir schon Wohnungsangebote angesehen habe, die den Portfolios des »Quartier 73« in Ahmeds altem Haus, das mir zu Beginn dieser Spurensuche der Makler mit der Wellenfrisur vorgestellt hat, ähneln. Ich finde die Mietsteigerungen und die Immobilienspekulation im Gebiet um die Blücher-Grundschule und die damit verbundene Verdrängung aus dem Bezirk nach wie vor skandalös, aber ich bin bis zu einer gewissen Schmerzgrenze bereit, dafür zu zahlen, dass im Hof ein Sandkasten steht, die anderen Mieter sich nicht in den Kinderwagen übergeben und dass in der Küche nicht ständig die Sicherungen rausfliegen. Nicht, dass mir meine Umgebung in meinem kinderlosen Leben völlig egal gewesen wäre, nein, ich habe einfach über vieles hinweggesehen, das mir plötzlich nahe geht.

Die Sehnsucht nach Ruhe ist das eine. Was ich seit der Geburt meines Sohnes dagegen nicht verspüre, ist: Angst. Ich mache mir Sorgen, wenn er schreit, hustet oder an die Bettkante robbt, aber ich habe keine Angst vor seiner Zukunft. Er wächst nicht mit reichen Eltern auf. Aber es wird genug da sein. Er wird falsche Entscheidungen treffen, aber seine Fehler werden ihm verziehen werden. Er hat eine Familie, die ihn über alles liebt. Mit ein bisschen Glück wird es ihm gutgehen. Um mich herum, in diesem ungewohnten Elternumfeld, spüre ich jedoch Angst. Im Geburtsvorbereitungskurs prahlen werdende Eltern damit, dass sie ihr ungeborenes Kind schon auf zehn Wartelisten von privaten Kindergärten eingetragen haben. Damit es in drei Jahren auf keinen Fall eine staatliche Einrichtung besuchen muss. Nach dem Babyschwimmen unterhalten sich zwei Väter über die Qualität der Grundschulen in ihrer Gegend und geben sich gegenseitig Tipps, wie man sein Kind an die Wunschschule tricksen kann. Es ist dieselbe Angst, die schon mein Münchner Bekannter hatte, der aus dem schönen Neuhausen-Nymphenburg floh, als seine Tochter eingeschult werden sollte; die Angst davor, dass das eigene Kind in einer Gesellschaft, die immer mehr Verlierer hervorbringt, nicht zu den Gewinnern gehört. Dass es nicht vorankommt, wenn es mit Langsameren in eine Klasse kommt. Es ist eine Angst, gegen die ich mich wehre, weil ich eine andere Vorstellung vom Zusammenleben habe. Ich möchte, dass mein Sohn auch mit Kindern zur Schule geht, deren Eltern weniger Geld, weniger Bildung, weniger Sprachkenntnisse haben. Ich möchte, dass er lernt, dass Unterschiede nichts Schlechtes sind.

Ich habe immer gesagt, dass es ein großes Glück für mich war, auf eine bunt gemischte Grundschule gegangen zu sein. Ich sage das auch heute noch. Aber ich habe von den Geschichten meiner ehemaligen Mitschüler gelernt, dass nicht jeder etwas von dieser

Durchmischung hatte. Die Schüler, die in der ersten Klasse Probleme hatten, mitzukommen, hatten auch nach der sechsten Klasse Probleme, mitzukommen. Deswegen kamen sie in vielen Fällen nirgendwo an. Diese Schüler stammten aus Elternhäusern, die man bildungsfern nennt und sozial schwach. Es waren vor allem die Kinder nichtdeutscher Eltern. Die Schüler, die in der ersten Klasse zu den Schnellsten gehörten, gehörten auch nach der sechsten Klasse zu den Schnellsten. Es waren vor allem die deutschen Kinder. Ihnen standen alle Türen offen.

Ich selbst habe von unsrerer Grundschulzeit profitiert. Ich habe andere Kulturen, Sitten und Lebenshintergründe kennen gelernt. Ich bin froh, in so einem multikulturellen Umfeld aufgewachsen zu sein. Aber vielleicht ist das selbstgefällig. Ich konnte dieses Umfeld leicht verlassen. Ich gehörte in diesem Umfeld zu den Privilegierten. Ahmed nicht. Andererseits: Immerhin hat Ahmed die nervigen Kartoffeln mit eigenen Augen gesehen. Auch er hat über seinen Tellerrand blicken können in Frau Schachs Klasse.

Ich habe in den letzten Monaten gelernt, dass es keine Frage der ethnischen Herkunft ist, ob man erfolgreich durch die Schulzeit kommt, sondern eine Frage der sozialen Herkunft. Zu den sozial Schwachen in meinem Heimatbezirk gehören aber nun mal überwiegend nichtdeutsche Familien. In anderen Teilen Berlins, in den großen Ost-Bezirken beispielsweise, haben sich längst ebenfalls unkontrollierbare Wohnghettos und Schulen gebildet, deutsche Problemschulen. Wer kann, flieht von dort. Das Besondere rund um meine Grundschule ist: Wer kann, flieht nicht von dort. Wer kann, der bleibt. Der Bezirk ist zugleich attraktiver und deprimierender geworden. Es ist ein teurer und geteilter Bezirk in Deutschlands Hauptstadt. Kinder aus wohlhabenden, gebildeten Elternhäusern gehen auf die wenigen guten Schulen. Die anderen auf Schulen wie die Blücher-Grundschule, die auch mal eine gute Schule war. Ja, Multi-Kulti ist offenbar gescheitert, da muss man der Bundeskanzlerin sogar Recht geben. Man hat heute im Multikulti-Bezirk Kreuzberg eine ethnische Trennung, die eigentlich eine soziale Trennung ist. In der Nachbarschaft, die mal meine war, die mal die Nachbarschaft aller war, verschanzen sich heute einige wenige in luxuriösen Trutzburgen, während die Menschen, die ohnehin am Rand der Gesellschaft leben, an den Rand der Stadt ziehen müssen. In den letzten zwanzig Jahren hat sich an der Situation von den meisten Kindern und Kindeskindern der Einwanderer nichts verbessert. Im Gegenteil. Klar, es gibt Erfolgsgeschichten, aber es sind Ausnahmen. Und die Tatsache, dass die erfolgreichen Nachfahren von türkischen Einwanderern den Bezirk verlassen wollen, sobald ihre Kinder zur Schule kommen, zeigt, dass es kein Miteinander mehr gibt, sondern ein Nebeneinander und Gegeneinander. Und das ist auch ein Versagen des linken Establishments, aus dem ich entstamme. Man hat jahrelang die Augen verschlossen vor offensichtlichen Integrationsproblemen. Vor schulischen Problemen. Vor Abschottungsproblemen. Vor Sprachproblemen. Und erst als man selbst betroffen war, weil etwa die eigenen Kinder nun in Kontakt mit Kindern aus weniger privilegierten Familien kommen sollten, hat man etwas unternommen: nämlich die Flucht angetreten.

Ich treffe am Ende dieser Reise in die Vergangenheit einen Mann mit einem Hut auf dem Kopf, den man als einen Altlinken bezeichnen kann. Er hat einst Häuser besetzt und agitiert. Heute engagiert er sich politisch nur noch für eine Sache: dass die grüne Bildungsstadträtin eine evangelische Privatgrundschule in Kreuzberg zulässt. Der Sohn des atheistischen Mannes war nicht auf der einzigen Grundschule angenommen worden, die er für vertrauenswürdig hält. Alle anderen seien marode und würden von zu vielen NdH-Kindern besucht. Der Mann sagt, die Linke müsse endlich mit der falschen politischen Korrektheit aufhören. Es müsse Schluss sein mit dem Mantra des gemeinsamen Lernens. Darunter litten alle Kinder. Auf die Frage, was mit den Kindern passiere, die er nicht in der Privatschul-Klasse seiner Tochter haben will, weiß der Mann keine Antwort. Um die werde man sich dann an den »normalen« Grundschulen schon kümmern.

Danach treffe ich einen grünen Bezirkspolitiker. Eine Stunde lang sagt er sehr kluge Sachen. Er beklagt sich über die sinkende Solidarität in der Bevölkerung, über linke Weggefährten, die jahrelang Vielfalt predigten und für ihre Kinder doch rein deutsche Schulen suchen. Der Mann sagt: Wenn man Multikulti will oder interkulturelles Zusammenleben oder eben einfach nur Frieden, dann muss man auch etwas dafür tun. Dann muss man sein Kind auf eine Multikulti-Schule schicken. Die linken Eltern, sagt der Mann, denken aber nicht mehr an das große Ganze, sondern nur noch an das Wohl des eigenen Kindes. So sei das heutzutage. Wir leben in einer egoistischen Zeit, sagt der Mann. Nach dieser Stunde sagt er, all das dürfe er natürlich gar nicht sagen, niemals in seinem Namen. Denn diese Eltern, über die er sich aufregt, sind seine Wähler. Zum Schluss habe ich noch eine Frage an den grünen Politiker: Was für eine Schule hat sein Sohn besucht? Eine freie Schule, eine private, in einem anderen Teil der Stadt, sagt der Mann.

Der Politiker und der Mann mit dem Hut, früher Brüder im Geiste, bezeichnen sich heute als Kontrahenten. Aber beide haben dasselbe Problem: Theorie und Praxis passen in ihrem Leben nicht mehr zusammen. Der Mann mit dem Hut ist viele Jahrzehnte dafür eingetreten, dass alle Menschen gleich sind und gleich behandelt gehören und dass der Zuzug aus allen möglichen Ländern etwas Gutes ist und man fremde Kulturen respektieren muss. Und dann, sagt er, musste er erleben, dass Kinder, die der deutschen Sprache nicht mächtig sind und von rücksichtsvollem Miteinander nichts wissen wollen, die Schulen in seiner Nachbarschaft terrorisieren. Und er fand, dass die lasche Integrationspolitik daran Schuld sei. Er sagt, in der Theorie klang Multi-Kulti nach einem Traum. In der Praxis sei es der Horror. Der Politiker schwingt noch heute große Reden auf das Miteinander der Kulturen in seinem Bezirk. In der Theorie funktioniert alles. Aber er weiß, dass die Praxis anders aussieht, er weiß, dass Geld und Zeit fehlen. Er weiß, dass seine Wähler von der Theorie nichts mehr hören wollen. Beide sagen, sie wollen nur das Beste. Der eine für sein Kind. Der andere für die Gesellschaft.

Ich weiß mittlerweile, dass ich meinen Sohn, wenn er zur Schule geht, nicht auf die nächstbeste Grundschule schicken werde. Auf keine Schule, an der er mit »amana sikim« begrüßt wird. Ich habe auch ein Theorie-Praxis-Problem. Ich würde ihn gerne auf die nächstbeste Schule schicken. Ich erwarte von diesem Land, dass es eine Bildungspolitik betreibt, die keine guten und schlechten Schulen hervorbringt, die nicht frühzeitig zwischen guten und schlechten, verwertbaren und nutzlosen Schüler unterscheidet. Ich finde es schrecklich, dass die Schulklassen heutzutage oft den sozialen Klassen entsprechend aufgeteilt sind. Vor einigen Monaten noch hätte ich deshalb gesagt, dass ich mein Kind auch auf einer Problemschule in Neukölln anmelden würde. Aus Prinzip. Dass mein Kind dort lernen würde, sich durchzusetzen. Jetzt finde ich diese Vorstellung unvorstellbar. Er soll eine unbeschwerte, gute Schulzeit haben, eine Schulzeit, an die er sich gerne erinnern wird. Eine Schulzeit, wie ich sie hatte. Er soll nicht aus Prinzip die trübe Suppe auslöffeln, die Jahrzehnte verfehlter Bildungs- und Integrationspolitik seiner Generation eingebrockt haben. Nicht, damit sein Vater ein reines Gewissen hat. Mein Bekannter in München hatte gesagt, er wolle sein Kind nicht für seine politischen Ideale opfern. Ich habe mich über ihn geärgert. Ich kann noch immer nicht fassen, dass er und seine Frau »ausländisch« aussehende Kinder gezählt haben. Aber ich verstehe jetzt, was der Bekannte gemeint hat. Ich ertappe mich manchmal dabei, wie ich denke, wir sollten rechtzeitig umziehen, bevor unser Sohn eingeschult wird. Manchmal denke ich nun, dass ich meinen Sohn nicht opfern möchte.

Ich erschrecke dann vor mir selbst. Und vor der Gesellschaft, in der wir leben.

Der Autor dankt:

Allen ehemaligen Mitschülern und Lehrern. Für die Zeit und die Geschichten.

Allen anderen Menschen, die ich auf dieser Spurensuche getroffen habe. Für die Informationen und die Emotionen.

Meinem Lektor Martin Mittelmeier. Für die Geduld und die Ideen.

Meinem Verleger Georg Reuchlein und allen Mitarbeitern des Luchterhand Verlages. Für das Vertrauen.

Diana Stübs und der Agentur Petra Eggers. Für das Antreiben.

Michael Ebert und Timm Klotzek. Für die Chancen.

Patrick Desbrosses. Für die Fotos.

Meinen Freunden. Für die Ablenkung und die Gespräche.

Meiner Familie und der Familie Haaf. Für die Geborgenheit.

Meinen Eltern Nicola und Guntram. Für die Liebe und die Lektionen.

Levi. Für sein Lachen und Weinen.

Und besonders Meredith. Für dieses wunderschöne Leben.